Inhaltsverzeichnis

Bei uns und anderswo

Lesekreisel

Lern-Werkstatt

Im Buch stöbern

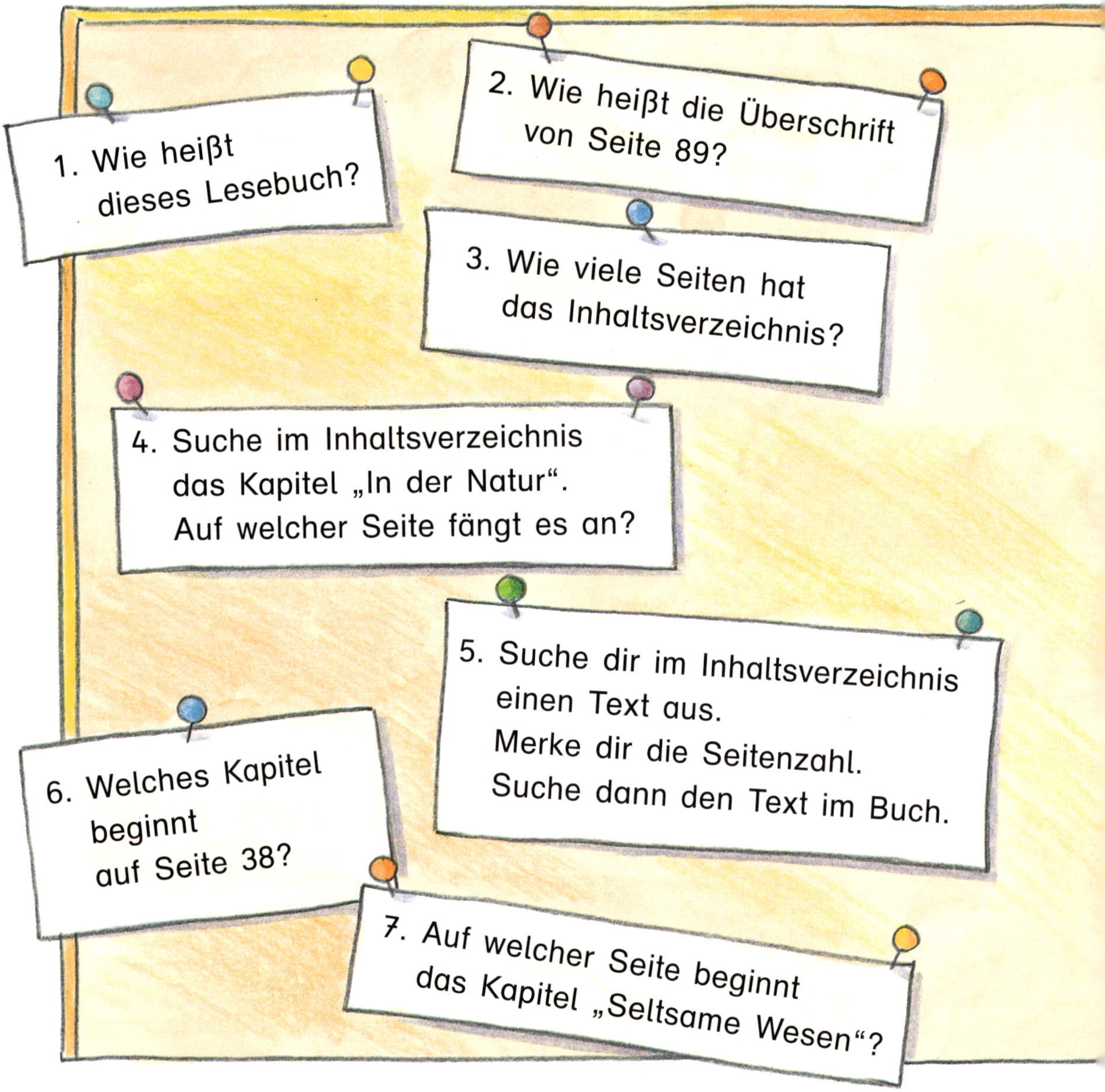

(1) Lies dir die Kärtchen durch,
die hier an der Pinnwand hängen.

(2) Suche dir fünf Karten von der Pinnwand aus.
Schreibe die Antworten auf.

8. Suche dieses Bild:

Auf welcher Seite hast du es gefunden?

9. Suche die beiden Seiten mit den Türmen. Wie viele Türme sind dort abgebildet?

10. Welches Bild im Buch gefällt dir am besten? Auf welcher Seite steht es?

11. Auf welcher Doppelseite findest du wichtige Fachbegriffe? Was erfährst du dort über den Begriff „Bücherei“?

12. Welcher Lebensraum wird im Gedicht auf Seite 58 beschrieben?

13. In diesem Buch gibt es vier Werkstätten. Wie heißen sie?

14. Jede Werkstatt hat eine andere Farbe. Welche Farbe hat die Lern-Werkstatt?

3 Denke dir selbst eine Suchaufgabe für ein anderes Kind aus.

Wichtige Zeichen im Buch

1 So ein Zeichen steht vor jeder Aufgabe.

2 Eine Zusatzaufgabe erkennst du an dieser Farbe.

Pusteblume Zusatztexte erkennst du auch an dieser Farbe.

● Begriffe klären
● Sich im Buch orientieren

A … wie Anfang

Das ABC üben

ABC-Gedicht

Wolfgang Menzel

A B C D E Herr Eismann tanzt im Schnee.
F G H und **I** Er dreht sich wie noch nie.
J und **K** und **L** Er hüpft herum ganz schnell.
M und **N** und **O** Da fällt er auf den Po.
P und **Q** und **R** Im Wasser liegt der Herr!
S, **T**, **U** und **V** Da kichert seine Frau:
W und **X** und **Y** „Das hast du nun davon!
und am Ende noch das **Z** Jetzt legst du dich ins Bett!“

- Das ABC wiederholen
- Texte lebendig vortragen

► Lern-Werkstatt: Seite 150

Bärchen-ABC

Beate Günther

Apfelbärchen
Bananenbärchen
Computerbärchen
Dickbauchbärchen
Erdbeerbärchen
Fruchtbärchen
G ? bärchen
Hagebuttenbärchen
I ? bärchen
Johannisbeerbärchen
Kicherbärchen
Lakritzbärchen
Marmeladenbärchen

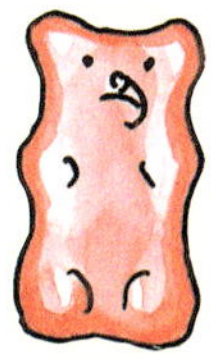

N ? bärchen
Orangenbärchen
P ? bärchen
Quietschebärchen
R ? bärchen
Sirupbärchen
T ? bärchen
Urwaldbärchen
Vanillebärchen
Waschbärchen
X-Beinbärchen
Yippiebärchen
Z ? bärchen

1 Lest euch dieses lustige Bärchen-ABC gegenseitig vor.

2 Welches Bärchen-Bild gehört an welche Stelle?

3 Denke dir ein eigenes Bärchen-ABC aus. Schreibe es auf.

- Das ABC wiederholen
- Eigene Vorstellungen zu Texten entwickeln und beschreiben

Das Schokokusswettkampfessen

Barbara Rhenius

Kröte
Schildkröte
Riesenschildkröte

Napf
Futternapf
Katzenfutternapf

Tag
Geburtstag
Kindergeburtstag

Flasche
Saftflasche
Orangensaftflasche

Platz
Spielplatz
Gartenspielplatz
Kindergartenspielplatz

Essen
Kampfessen
Wettkampfessen
Kusswettkampfessen
Schokokusswettkampfessen

1. Lest reihum. Jedes Kind liest immer nur eine Zeile.
2. Jetzt liest jedes Kind immer einen ganzen Absatz.
3. Und jetzt lest einmal umgekehrt: von unten nach oben.
4. Bilde selbst ein langes Wort.

Immer längere Sätze lesen

Die Maus und der Kater

Barbara Rhenius

Es war mal eine Maus,
die lebte in einem Haus.

Es war mal eine kleine Maus,
die lebte in einem alten Haus.

Es war mal eine kleine, graue Maus,
die lebte in einem alten, leeren Haus.

Es war mal eine kleine, graue, schlaue Maus,
die lebte in einem alten, leeren, dunklen Haus.

Da kam ein Kater an
und schlich sich an die Maus heran.

Da kam ein dicker Kater an
und schlich sich an die kleine Maus heran.

Da kam ein dicker, schwarzer Kater an
und schlich sich an die kleine, graue Maus heran.

Das Mäuslein kroch, flups, in ein Loch.
Der Kater wartet immer noch.

1. Lies mit einem Partner.
   Ein Kind liest immer zwei Zeilen.
   Dann liest das andere Kind die nächsten beiden Zeilen.

2. Wie könnte die kleine Maus noch aussehen?
   Füge ein Wort hinzu.

3. Wiederhole dies auch für die Wörter Haus und Kater.

- Texte lebendig vorlesen
- Eigene Vorstellungen zu Texten beschreiben

► Lesekreisel: Seite 141

Genau hinschauen und lesen

Immer ein bisschen anders!

Paula schüttet den Apfelsaft in ihre Flasche.
Paula schüttet den Apfelsaft in ihre Tasche.
Paula schüttelt den Apfelsaft in ihrer Flasche.

Niklas sitzt in seinem Bett und liest.
Niklas schwitzt in seinem Bett und liest.
Niklas schwitzt in seinem Bett und niest.

Die Mutter setzt den Deckel auf ihren Topf.
Die Mutter setzt den Deckel auf ihren Kopf.
Die Mutter setzt den Dackel auf ihren Kopf.

Die Kinder sitzen in der Klasse und schreiben.
Die Kinder schwitzen in der Klasse und schreiben.
Die Kinder flitzen durch die Klasse und schreien.

1 Lest in der Klasse reihum.
Jedes Kind liest immer nur eine Zeile.

2 Dann liest ein Kind immer drei Zeilen.
Danach kommt das nächste dran.

In welcher Zeile schüttelt Paula den Apfelsaft?

In welcher Zeile schreien die Kinder?

3 Gebt euch selbst Aufgaben zum Raten:

In welcher Zeile …

- Lesegenauigkeit trainieren
- Optische Markierungen nutzen
- Eigene Aufgaben formulieren

Selbstlaute vertauschen

Tom liest alles mit o

Aus Rasen macht er Rosen.
Aus Hasen macht er H?sen.

Aus Kränen macht er Kronen.
Aus Bahnen macht er B?hnen.

Aus ah macht er oh.
Und aus Papa macht er P?p?.

Käthe liest alles mit ä

Aus Hunde macht sie Hände.
Aus Wunde macht sie W?nde.

Aus Böckchen macht sie Bäckchen.
Aus Söckchen macht sie S?ckchen.

Aus muh macht sie mäh.
Und aus buh macht sie b?h.

Sarah liest alles mit a

Aus Riesen macht sie Rasen.
Aus Hosen macht sie H?sen.

Aus Gruben macht sie Graben.
Aus Rüben macht sie R?ben.

Aus oho macht sie aha.
Und aus Popo macht sie P?p?.

(1) Suche dir einen Text aus.
Lies ihn einem Partner vor.

Sätze und Bilder zuordnen

Kasper

Kaspers Nase ist weiß.
Kaspers Hase ist weiß.

Kaspers Hase ist rot.
Kaspers Nase ist rot.

Kaspers Hose ist bunt.
Kaspers Rose ist bunt.

Kaspers Schal ist grau.
Kaspers Schal ist blau.

Kasper trinkt mit der Hand.
Kasper winkt mit der Hand.

Kaspers Mund ist schön rot.
Kaspers Hund ist schön rot.

Kaspers Hund hat blaue Flecken.
Kaspers Hund hat graue Flecken.
Kaspers Hund hat graue Flicken.

Der Mund schnüffelt an Kaspers Hosen.
Der Hund schnüffelt an Kaspers Hosen.
Der Hund schnüffelt an Kaspers Hasen.

(1) Lies die Sätze leise durch.

(2) Lies immer nur die Sätze vor, die zu den Bildern passen.

● Sinnerfassung von Sätzen trainieren
● Bilder zur Überprüfung nutzen

▶ Lesekreisel: Seite 140

Im Zirkus

Warst du schon einmal im Zirkus?	Ja, ich war schon einmal im Zirkus.
Haben dir die Schlangenmenschen auch so gut gefallen?	Ja, mir haben die Schlangenmenschen auch gut gefallen.
Sie sind Akrobaten.	Sie sind Akrobaten und können etwas Seltsames.
Sie können ihren Körper stark verbiegen.	Einer konnte sogar die Beine hinter dem Kopf verschränken.
Und musstest du über die Clowns auch so lachen?	Ja, ich musste über die Clowns auch lachen.
Die haben sich geboxt.	Die haben aber nur so getan!
Der eine ist auf die Nase gefallen.	Der andere ist auch auf die Nase gefallen.
Und dann haben sie ganz laut geweint.	Ja, sie haben ganz laut geweint.
Die Tränen sind aus ihren Augen gespritzt.	Die Tränen sind auch aus ihren Nasen gespritzt.
Alle haben geklatscht.	Und alle haben gelacht.

In der Schule

Hallo! Hurra!
Wir sind wieder da!

Charlotte Bär

Ich freue mich sehr,
meine Freunde zu sehen
und jetzt
in die zweite Klasse zu gehen.

Alle sind gewachsen
und von der Sonne braun.
Es gibt viel zu erzählen,
zu lachen und zu schaun.

- Zu anderen sprechen
- Die eigenen Gefühle äußern

Schulanfang

Ursula Schwarz

Heute Abend packt Marie ihre  besonders gern.
Viele Sachen sind neu und riechen so gut.

Das neue  kommt zuerst in die  .
Und dann der schöne neue  für die neuen  .

Marie öffnet das  und schaut nach,
ob auch alles darin ist:
ein  , der neue  ,
die  , der  ,
der neue  , das 
und die  – und die  ,
die sie in den Ferien am Meer gefunden hat.

Der  ist zu groß.
Der kommt in eine  – fertig!

Und das Frühstück für die Schule?
Die  , die  und einen 
packt Marie erst morgen früh ein.

1 Welche Dinge in Maries Schultasche sind neu?

2 Ein Kind hat alle Schulsachen neu bekommen.
Wie denkst du darüber?

- Über Lesefertigkeiten verfügen
- Texte erschließen
- Die eigene Meinung äußern

▶ Geschichten-Werkstatt: Seite 152
▶ Theater-Werkstatt: Seite 181

Nur für einen Tag

Manfred Mai

Annas Papa will einfach nicht glauben, dass auch Kinder es schwer haben – zum Beispiel in der Schule. Deshalb soll er mit Anna tauschen. Nur für einen Tag – dann wird er schon sehen. Anna geht ins Büro und Papa ist Schüler in Klasse 2b.

Endlich klingelt die Pausenglocke. Papa stürmt aus der Klasse und läuft dem Rektor genau vor den Bauch. „Hoppla!", sagt der Rektor. „Du hast es aber eilig." Er hält Papa am Arm fest. „Entschuldigung!", sagt Papa. „Du bist wohl neu bei uns?", fragt der Rektor. Papa nickt. „Dann merk dir eins: Wir benehmen uns hier, wie es sich gehört, und laufen nicht wie verrückt durchs Haus. Verstanden?" Papa nickt wieder. „Das will ich auch hoffen", sagt der Rektor und lässt ihn los.

Papa geht lieber zurück in die Klasse. Er hat jetzt Hunger und holt sein Pausenbrot aus der Tasche. Als er hineinbeißt, klingelt es schon wieder. Die Pause ist zu Ende. Frau Kleinlein kommt herein und setzt sich an den Lehrertisch.

„Herbert!“, sagt sie ärgerlich. „Gegessen wird in der *großen* Pause, das weißt du doch.“

„Ich hab aber Hunger“, sagt Papa.

„Dann musst du morgens richtig frühstücken!“

„Da bring ich noch nichts runter“, sagt Papa.

Die anderen lachen.

„Dann kann ich dir auch nicht helfen“, sagt Frau Kleinlein. „Jetzt isst du jedenfalls nicht.“

Papa packt sein Brot wieder ein. So was Blödes!

1. Wie heißt die Lehrerin? Wie heißt Papa?

2. Welche Regeln kennt Papa nicht?

3. Die Geschichte könnt ihr auch mit verteilten Rollen lesen oder spielen.

4. Anna und Papa sind wieder zu Hause. Was erzählen sie sich wohl?

Auf dem Schulweg

Frauke Nahrgang

Timo und Oli und ich
gehen nach der Schule
immer allein nach Hause.

Wir mussten versprechen,
dass wir bei der Ampel
in der Hilscherstraße
immer auf Grün warten.
Und dass wir immer
auf dem Bürgersteig bleiben.
Und dass wir
in der Kastanienallee immer
den Zebrastreifen benutzen.

Mama sagt,
wir kommen immer
schrecklich spät nach Hause.
Sie glaubt, dass wir trödeln.
Aber das tun wir
bestimmt nicht.

Zuerst kommen wir immer
an Olis Haus vorbei.
Aber Oli kann nicht
so einfach reingehen,
weil wir uns
ja gerade unterhalten.

Wir gehen weiter
bis in die Allee.
Dort auf den Bänken
unterhalten wir uns fertig.

Manchmal sammeln wir noch
ein paar Kastanien.
Manchmal gehen wir noch
ganz kurz zum Grützbach.
Aber dann bringen wir
Oli sofort nach Hause.

Und dann gehen wir wirklich
meistens gleich zurück.

Ich weiß auch nicht,
warum ich immer
so spät nach Hause komme.

1. Lasst euch die Geschichte vorlesen.
   Verfolgt den Schulweg der Kinder mit dem Finger.

2. Welche Verkehrsregeln müssen die Kinder beachten?

3. Warum kommt das Mädchen wohl so spät nach Hause?

4. Die Geschichte wird von einem Mädchen erzählt.
   Wie heißt es?

5. Wie sieht dein Schulweg aus? Beschreibe oder zeichne.

Wozu? Warum?

Text: Charlotte Bär,

Melodie: Wolfgang Menzel

1. Lesen, rechnen, spielen, toben,
   schreiben, malen, meckern, loben.
   Wozu? Warum?
   Wer lernt, der bleibt nicht dumm.

2. Turnen, singen, reden, hören,
   Fragen stellen, flüstern, stören.
   Wozu? Warum?
   Wer lernt, der bleibt nicht dumm.

3. Streit beginnen, Späße machen,
   sich vertragen, spielen, lachen.
   Wozu? Warum?
   Wer lernt, der bleibt nicht dumm.

(1) Das Lied könnt ihr gemeinsam singen.

(2) Ihr könnt das Lied auch reihum und im Chor lesen und singen:
Immer ein Kind liest oder singt eine rote Zeile.
Die schwarzen Zeilen singt ihr dann im Chor.

(3) Denkt euch passende Bewegungen zu dem Lied aus.

Ideenkiste

Wer ist das?

Er ist ein Mann,
der viele Dinge machen muss
und der fast alles kann:
die Schultüren aufschließen,
die Kinder, die Lehrerinnen
und Lehrer begrüßen.

Wenn was kaputt ist,
wird's von ihm repariert,
oder schnell
ein Handwerker organisiert.
Er wird gebraucht
tagaus, tagein.

Wer mag das sein?

1 Findet heraus, welche Erwachsenen noch bei euch an der Schule arbeiten.

2 Überlegt euch Fragen, die ihr den Erwachsenen stellen könnt. Schreibt sie auf.

3 Macht euch Notizen zu den Antworten.

4 Fragt, ob ihr Fotos machen dürft. Dann könnt ihr ein Plakat über die Leute an eurer Schule gestalten.

5 Schreibt ein Rätsel über die Erwachsenen. Ihr könnt ein Ratespiel damit machen.

Tiere

Katzenkinder kommen zur Welt

A

B

C

D

E

F

(1) Seht euch die Bilder und die Überschrift genau an. Sprecht darüber. Überlegt euch Fragen dazu und schreibt sie auf.

- Gespräche führen
- Vorwissen nutzen
- Vermutungen formulieren

1. Das blinde Kätzchen ist gerade geboren worden.
   Die Katzenmutter leckt das Neugeborene trocken.

2. Die Katzenmutter liegt geduldig auf der Decke.
   Die Jungen trinken Milch.

3. Das kleine Kätzchen beginnt zu sehen.
   Sein linkes Auge ist schon ganz offen,
   das rechte nur ein bisschen.

4. Bei Gefahr packt die Katzenmutter ihr Junges am Genick
   und bringt es in Sicherheit. Dabei tut sie ihm nicht weh.

5. Die Katzenjungen können jetzt laufen und springen.
   Sie raufen miteinander.

6. Das Kätzchen ist fast erwachsen.
   Es faucht, wenn es sich bedroht fühlt.

1 Welcher Text passt zu welchem Bild?

Text Bild
1. – A
2. – ...

2 Finde noch mehr über Katzen heraus.
Mache dir Notizen.
Berichte in der Klasse darüber.

Eine Begegnung im Park

Monika Hartig

Wie immer nimmt Silvie den Weg durch den Park.
Das Laub an den Büschen und Bäumen wird schon bunt.
An manchen Stellen leuchtet es in der Sonne wie Gold.
Plötzlich kommt aus dem Unterholz ein Schatten
und springt auf sie zu.
Wie gelähmt vor Schreck bleibt Silvie stehen.
Es ist ein Hund! Er sieht so struppig und verwahrlost aus,
als würde er schon seit Monaten herumstreunen.
Wenn er beißt oder gar die Tollwut hat?
Mit klopfendem Herzen versucht sich Silvie rückwärts
davonzuschleichen. Doch der Hund folgt ihr mit
tapsigen Bewegungen. Er scheint noch sehr jung zu sein.
„Sch, sch!“, macht Silvie und stampft mit dem Fuß auf.
Da bleibt der Hund stehen und mustert sie wachsam.
Das eine seiner Ohren hat er nach vorn gelegt.
Silvie muss trotz ihrer Angst lachen,
weil er so verwegen und drollig aussieht.
Plötzlich verspürt sie Mitleid mit dem Hund.
Ihr Pausenbrot fällt ihr ein, das sie nicht gegessen hat.
Rasch holt sie es aus der Schultasche und wirft es ihm zu.
Dann rennt sie davon, so schnell sie kann.
Als Silvie sich an der Wegbiegung
noch einmal nach dem Hund umschaut,
sieht sie, dass er sich auf ihr Brot
gestürzt hat und es gierig verschlingt.
Erleichtert atmet sie auf.
Jetzt wird er sie bestimmt
nicht mehr verfolgen. [...]

► Gedichte-Werkstatt: Seite 169

1 Was bedeuten die unterstrichenen Wörter?

Zeile 7: verwahrlost: a. er ist schmutzig und struppig
b. er ist böse und bissig

Zeile 8: herumstreunen: a. ohne Herrchen herumirren
b. fröhlich herumlaufen

Zeile 14: mustert: a. er kneift die Augen zu
b. er schaut sie neugierig an

Zeile 18: Silvie verspürt Mitleid:
a. sie weiß nicht, was mit dem Hund los ist
b. ihr tut der Hund leid

2 Schreibe die Wörter auf, die du auch noch erklärt haben möchtest.

3 Nur eine Aussage ist richtig:
a. Der Hund im Park bellt laut und stellt die Ohren auf.
b. Silvie hat kein Mitleid mit dem Hund.
c. Silvie füttert den Hund mit ihrem Pausenbrot.

4 Wie sieht dieser Hund genau aus? Und was tut er? Beschreibe genau.

5 Wie könnte die Geschichte wohl weitergehen?

Meerschweinchen

Woher kommen eigentlich
die Meerschweinchen?

Lia

A Meerschweinchen kann man
in der Tierhandlung kaufen.
Sie stammen aus Südamerika.
Vor vielen Jahren brachten Seefahrer
die ersten Meerschweinchen
mit nach Europa.

... ?

Niko

B Meerschweinchen fressen Getreidekörner,
Heu, frisches Grünfutter, Gemüse und Obst.
Sie nagen gern an einem Zweig
aus hartem Holz.
So werden ihre Zähne nicht zu lang.

Was muss ich für meine
Meerschweinchen tun?

Lars

C Meerschweinchen wollen oft gestreichelt werden.
Man sollte viel mit ihnen reden,
damit sie die Stimme kennen.
Sie brauchen jeden Tag frisches Futter und Wasser.
Und der Käfig muss regelmäßig
sauber gemacht werden.

... ?

Hanna

D Die Meerschweinchen leben
in einem Käfig oder Stall.
Der Boden ist mit frischem Heu
und Streu bedeckt.
Im Käfig brauchen die Meerschweinchen
einen Ast zum Klettern,
einen Futternapf
und eine Tränke für frisches Wasser.
Jedes Tier hat sein eigenes Schlafhäuschen.

Wie verhalten sich
die Meerschweinchen?

Alexander

E Meerschweinchen verhalten sich friedlich.
Wenn man sich viel mit ihnen beschäftigt,
werden sie bald zutraulich.
Dann pfeifen und quieken sie
zur Begrüßung.
Meerschweinchen sind nicht gern allein.
Deshalb ist es gut,
zwei Tiere in einem Käfig zu halten.

1 Was haben wohl Niko und Hanna gefragt?

2 Welche Überschrift passt zu welchem Abschnitt?
Ernährung – Pflege – Behausung – Herkunft – Verhalten
Lia fragt nach der Herkunft. Schreibe so auf:

A – Herkunft
B – ...

Tierfamilien

Jedes Jahr im Frühling bekommt
das Mutterschaf ein Lamm.
Nach der Geburt trinkt das Lamm Milch
bei der Mutter.
Dabei kniet es sich hin
und hebt den Kopf.
Aber bald kann es laufen.
Und dann bringt ihm das Mutterschaf bei,
Gras und Heu zu fressen.

Das Mutterschwein wird Sau genannt.
Die Sau bringt Ferkel zur Welt.
Manchmal sind es 12 rosa Ferkel,
die laut quieken.
Sie saugen bei der Mutter Milch.
Nach wenigen Wochen fressen sie
feste Nahrung.

Die Henne legt ihre Eier in das Hühnernest.
Sie setzt sich 21 Tage auf die Eier und brütet sie aus.
Sie wird auch Glucke genannt,
weil sie auf den Eiern gluckt.
Im Ei entwickelt sich durch die Wärme ein Junges.
Nach drei Wochen pickt es mit seinem Schnabel
von innen die Eierschale auf.
Heraus kommt das Küken.
Die Henne bringt ihren Küken bei,
wie sie nach Futter picken können.

► Tiere: Seite 36
► Bücher, Bücher: Seite 89–91

Die Kuh bekommt ein Kalb.
Einige Stunden nach der Geburt steht es schon auf seinen Beinen.
Jeden Tag trinkt das Kalb fünf bis acht Liter Kuhmilch aus dem Euter der Mutter.
Nach sechs Monaten frisst es mit der Kuh zusammen Gras auf der Weide.

1 Hahn, Eber, Bulle und Bock sind Tierväter.
Zu welchen Tierfamilien gehören sie?

2 Lege eine Tabelle an. Ergänze die Spalten.

Tierfamilie	Tierkind	Tiermutter	Tiervater
Rinder	Kalb		Bulle
Schafe			Bock
Hühner		Henne / Glucke	
Schweine			
...			

3 Welches Tierkind trinkt keine Milch?

4 Kennst du noch andere Tierfamilien?
Trage sie auch in deine Tabelle ein.

Frau Meier, die Amsel

Wolf Erlbruch

Frau Meier machte sich Sorgen. Gerade noch sorgte sie sich um einen Knopf an ihrem Wintermantel, der abzufallen drohte. Später war es dann vielleicht einer ihrer Kuchen. Ob sie etwa doch zu wenig Rosinen genommen hatte? [...] Herr Meier war durchaus unbesorgt. Wenn er morgens aufwachte, blickte er als Erstes in Frau Meiers besorgtes Gesicht. [...] An diesem Morgen also, als sie sich gerade bückte, um zu sehen, ob die Kürbisse Blüten angesetzt hatten, sah sie es vor sich liegen, das kleine Ding, nackt, auf dem Bauch, mit dicken blauen Augenlidern, die fest geschlossen waren. Jetzt hatte Frau Meier allen Grund zur Sorge, und sie vergaß sofort Sonne und Kälte, Knöpfe, Kuchen und Kürbisblüten. Vorsichtig nahm sie den kleinen Vogel auf ihre Hand. Nachdem sie ihn eine ganze Weile etwas ratlos angesehen hatte, piepste er schwach und öffnete seinen gelbgeränderten Schnabel, sodass Frau Meier nun besorgt in einen kleinen roten Schlund blickte. Frau Meier hastete den Hügel hinab ins Haus. Sie suchte überall herum, bis sie endlich etwas gefunden hatte, das ein bisschen wie ein Nest aussah. „Ich werde ihn großziehen", sagte sie zu Herrn Meier.

„Tu, was du nicht lassen kannst“, lächelte er.
Es wurde eine abenteuerliche Zeit.
Ihr müsst nämlich wissen,
dass so kleine Vögel nur dann nicht sterben,
wenn man sie ununterbrochen
mit Fliegen, Raupen und Mücken füttert.
Tag und Nacht.
Dann allerdings wachsen sie schnell
und schon nach zwei Wochen erkannte Frau Meier,
dass sie dabei war, eine junge Amsel großzuziehen.
Natürlich hatte sie auch schon einen Namen
für das Tierchen: Piepchen sollte es heißen.
Irgendwann war es dann so weit:
Piepchen hatte viele schwarze Federn bekommen
und hoppelte in Frau Meiers Küche herum.
Eines Morgens, als die junge Amsel beim Frühstück
vom Rand des Küchentisches fiel,
fand Frau Meier es an der Zeit,
ihr das Fliegen beizubringen.

1 Beantwortet zuerst die Fragen:
   a. Was sah Frau Meier vor sich liegen, als sie sich bückte?
   b. Was vergaß Frau Meier sofort?
   c. Womit muss man kleine Vögel ununterbrochen füttern?
   d. Welchen Namen gibt Frau Meier dem Tierchen?
   e. Was passiert beim Frühstück?

2 Wie wird die Geschichte wohl enden? Erzähle.

3 Suche im Lexikon oder im Internet weitere Informationen zu Amseln.

Was die Tiere alles lernen

Rudolf Löwenstein

Die Enten lernen schnattern,
die Fledermäuse flattern,
die Hähne lernen krähen,
die Schafe und Lämmer bäen,
die Tauben lernen plappern,
die jungen Störche klappern,
das Mausen und Haschen lernt's Kätzchen,
das Schmausen und Naschen das Spätzchen.
Die Alten zeigen, wie sie's gemacht,
die Jungen folgen und geben acht
und machen es dann selber.

Die Bienen lernen sparen,
arbeiten und verwahren,
die Spinne lernet weben,
der Schmetterling lernt schweben,
die Fischlein lernen schwimmen,
Eichhörnchen lernet klimmen.
Das Brüllen lernt das Kälbchen,
das Bauen lernt das Schwälbchen,
und Buchfink, Lerch' und Nachtigall,
die lernen süßer Lieder Schall.
Die Alten zeigen, wie sie's gemacht,
die Jungen folgen und geben acht
und machen es dann selber.

● Über Lesefähigkeiten verfügen

▶ Tiere: Seite 32–33
▶ Lern-Werkstatt: Seite 150
▶ Lern-Werkstatt: Seite 153

Ideenkiste

Ein Tierplakat gestalten

Das Foto hat Irina aus einer Zeitschrift ausgeschnitten und dann aufgeklebt.

Marvin hat im Internet über Hamster geforscht. Das hier hat er aufgeschrieben.

HAMSTER

Hamster sind nachtaktiv. Am Tag schlafen sie, abends und nachts sind sie wach.

Hamster fressen Körner und Samen. Aber sie mögen auch Obst und Salat.

Hamster brauchen einen Käfig mit einem Laufrad und einem Schlafhäuschen.

Das hat Marie geschrieben. Vorher hat sie Nils gefragt. Er hat zu Hause einen Hamster.

Darius hat das Buch *Mein Hamster* gelesen. Er hat aufgeschrieben, was Hamster in ihrem Käfig brauchen.

Ich bin ich

Henriette Sauvant: Erzählbild

(1) Stell dir vor, du bist dieses Kind.

● Eigene Vorstellungen entwickeln und beschreiben

2 Schreibe deine Geschichte zu dem Bild.

In meinem Haus

Gina Ruck-Pauquèt

In meinem Haus,
da wohne ich,
da schlafe ich,
da esse ich.

Und wenn du willst,
dann öffne ich
die Tür
und lass dich ein.

In meinem Haus,
da lache ich,
da weine ich,
da träume ich.

Und wenn ich will,
dann schließe ich
die Tür
und bin allein.

3 Schreibe das Gedicht ab
und male das Haus deiner Fantasie dazu.

4 Du kannst auch andere Wörter in das Gedicht einsetzen.
Dann wird es dein eigenes Hausgedicht. Trage es vor.

Ich?

Manfred Mai

Heute haben mich
meine Eltern
neu eingekleidet:
Neues Hemd.
Neuer Pulli.
Neue Jacke.
Neue Hose.
Neue Schuhe.

Meine Mutter
und die Verkäuferinnen
haben immer gesagt,
alles passe gut zusammen –
und zu mir.

Aber
wenn ich
die neuen Sachen trage,
ist mir ganz komisch.

Ich
weiß gar nicht mehr,
ob ich noch
ich bin.

1 Schreibe auf oder male, was du am liebsten anziehst.
Du kannst auch schreiben, was du gar nicht magst.

2 Schreibe auf, warum du etwas magst oder nicht magst.

Mia und Mia

Anne Steinwart

Mia steht vor dem Spiegel.
„Wie sehe ich aus?“, fragt Mia.
Der Spiegel sagt nichts.
Mia beguckt sich genau.

Ihre Haare sehen aus wie gelbe Borsten.
Ihr Mund ist nach unten gebogen.
Ihre Augen sind ziemlich grau.

Aber Mias Nase ist nicht zu groß
und nicht zu klein.
Sie ist gerade richtig.

Und Mias Nase hat – eins, zwei, drei,
vier, fünf, sechs, sieben lustige Pünktchen.
Die hat die Sonne gemalt.

Mia lacht sich an.
Dabei kräuselt sie ihre Nase.
Die Sonnen-Pünktchen beginnen zu tanzen.

Mias Augen leuchten jetzt himmelblau.
„Schön sehe ich aus“, sagt Mia.
„Die gelben Borsten sind nicht so schlimm.“

1 Was gefällt Mia an ihrem Spiegelbild?

2 Beschreibe dich selbst. Was magst du an dir?

3 Sage einem anderen Kind, was dir an ihm gefällt.

Lachen ist gesund

Wer lacht, wird richtig durchgeschüttelt.
Die Muskeln am Bauch, am Hals, am Kinn und an den Backen
ziehen sich zusammen. Der Kopf wird rot.
Du gackerst und prustest.
Du lachst schnell hintereinander:
hahahahaha! – oder hihihihihi!
Du atmest tief ein und pustest die Luft wieder raus.
Du klopfst dir auf den Bauch,
und zum Schluss kugelst du dich vielleicht sogar am Boden.
Und es kann sein, dass du auch wirklich müde bist
vom vielen Lachen.
Dann hast du dich schlapp gelacht.
Lachen ist nämlich auch anstrengend.

Ärzte haben herausgefunden,
dass man mit Lachen sogar Kranke heilen kann.
In manche Krankenhäuser kommt deshalb ein Clown
zu den kranken Kindern und bringt sie zum Lachen.
Dann vergessen die Kinder ihre Schmerzen.

1 Versucht doch einmal, euch gemeinsam schlapp zu lachen. Beobachtet euch dabei, und sprecht über eure Erfahrungen.

2 Gibt es Situationen, in denen man nicht lachen sollte?

3 Welches Buch oder welcher Film bringt dich zum Lachen?

Weinen ist wichtig

Menschen und Säugetiere haben Tränendrüsen. Mit jedem Lidschlag wird die Tränenflüssigkeit daraus über die Augäpfel verteilt. Dadurch bleiben die Augen feucht und sauber. Richtig weinen können nur wir Menschen.

Wenn dir Tränen über die Wangen laufen, bist du meist traurig oder wütend oder verzweifelt. Aber auch vor lauter Freude können dir Tränen kommen. Bis zu 80 Liter Tränen vergießen wir in unserem Leben.

Weinen erleichtert. Es hilft uns, mit Gefühlen wie Kummer, Zorn und Trauer besser fertig zu werden. Wir zeigen anderen Menschen, dass es uns nicht gut geht und dass wir Hilfe und Trost brauchen. Besonders wichtig ist das für Babys.

Manche Menschen weinen nur heimlich, vielleicht, weil es ihnen peinlich ist, ihre Gefühle offen zu zeigen.

1 Wann musst du weinen? Sprich zuerst mit einem Partner darüber und dann in der Klasse.

2 Was hilft dir, wenn du traurig bist? Erzähle.

Der wütende Willi

Hiawyn Oram

Einmal lebte ein Junge, der Willi hieß.
Er wollte unbedingt aufbleiben
und den Wildwestfilm sehen.
„Nein“, sagte seine Mutter,
„es ist schon spät. Geh ins Bett.“
„Dann werde ich wütend“, sagte Willi.
„Dann werde wütend“, sagte seine Mutter.

Das wurde er auch. Sehr, sehr wütend.
So wütend, dass seine Wut sich
in eine Gewitterwolke verwandelte
und mit Donner, Blitz und Hagel zerplatzte.
„Das reicht“, sagte seine Mutter.
Aber es reichte gar nicht.

Willis Wut verwandelte sich in einen Orkan,
der Hausdächer, Schornsteine
und Kirchturmspitzen herunterriss.
„Das reicht“, sagte sein Vater.
Aber es reichte gar nicht.

Willis Wut verwandelte sich in einen Taifun,
der ganze Städte ins Meer schleuderte.
„Das reicht“, sagte sein Großvater.
Aber es reichte gar nicht.

Willis Wut verwandelte sich in ein Erdbeben,
das die Oberfläche der Erde aufbrach,
wie ein Riese ein Ei aufbricht.
„Das reicht“, sagte seine Großmutter.
Aber es reichte gar nicht.

Willis Wut verwandelte sich
in eine Explosion des ganzen Weltalls,
und die Erde und der Mond
und die Sterne und die Planeten,
Willis Land und Willis Stadt, seine Straße,
sein Haus, sein Garten und sein Zimmer
waren nur noch Trümmer im All.

Willi saß auf einem Felsstück vom Mars
und überlegte.
Er überlegte und überlegte.
[...]

1. Lasst euch die Geschichte vorlesen.
   Lest mit den Augen im Buch mit.

2. Was passiert mit Willis Wut? Sprecht darüber.

3. Wie ist es euch ergangen,
   als ihr einmal so richtig wütend wart?

4. Malt ein Bild zu jedem Absatz.

5. Erfindet ein Ende der Geschichte.

6. Wie kann man Willis Wut hörbar machen?
   Überlegt gemeinsam: Wie kann man ein Hörspiel
   aus der Geschichte machen?

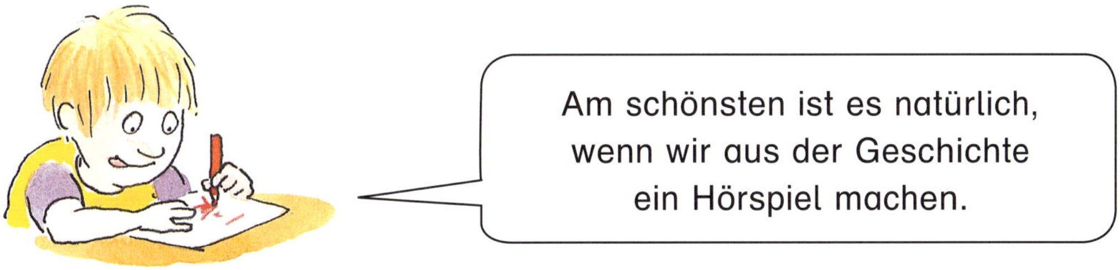

Wenn ich mir etwas wünschen könnte

Franz Hohler. Rotraut Susanne Berner

Sie ging nun das zweite Jahr
zur Schule und alles,
was wichtig war,
konnte sie nicht gut.

Sie konnte nicht gut rechnen,
sie konnte nicht gut lesen,
sie konnte nicht gut schreiben.
Und sie konnte nicht einmal das,
was weniger wichtig war:
Im Turnen war sie langsam,
jedes Haus, das sie zeichnete,
war schief,
und jeder Ton, den sie sang,
war falsch.

Sie schaute auch nicht gern in den Spiegel,
denn die anderen Mädchen
waren alle viel schöner als sie
und sie hatten auch alle viel mehr Freundinnen.
Eigentlich hatte sie überhaupt keine Freundin,
und wenn die Buben miteinander tuschelten,
dann immer über andere Mädchen.

Wenn ich mir etwas wünschen
könnte, dachte Barbara manchmal,
dann möchte ich aussehen
wie eine Prinzessin
und in der Schule die Beste sein.

Und plötzlich
hatte die kleine Barbara großes Glück.
Als sie einmal nachts erwachte
und das Nachttischlämpchen
anzünden wollte, war dort,
wo sonst das Lämpchen war,
eine kleine Fee.
Sie war fast durchsichtig,
hatte zarte Flügel
und leuchtete von innen heraus.

Erschrocken setzte sich Barbara auf
und hielt sich an der Bettdecke fest.

„Wer bist du?“,
fragte sie schließlich.
„Ich bin eine Fee“, sagte die Fee,
„und du darfst dir etwas wünschen.“
„Oh!“, rief Barbara freudig.
„Ich will ...“

„Überleg es dir gut“, sagte die Fee.
Aber Barbara brauchte nicht
lange zu überlegen.
„Ich möchte blaue Schuhe“, sagte sie.

1 Wie können die blauen Schuhe Barbara nützen? Sammelt Ideen dazu.

2 Was würdest du dir von einer Fee wünschen?

3 Wie die Geschichte weitergeht, kannst du in diesem Buch lesen.

Über sich selbst nachdenken

Wovor fürchtest du dich?

Was möchtest du besonders gut können?

Was machst du, wenn keiner Zeit für dich hat?

Was isst du am liebsten?

Was magst du überhaupt nicht und warum?

Was hörst du am liebsten?

Wovon hast du schon einmal geträumt?

1 Denke über die Fragen nach.
Mache dir Notizen über deine Gedanken.

2 Vielleicht fällt dir zu einer Frage eine Geschichte ein.

Ideenkiste

Tipps gegen Wut im Bauch

HALT!
Sich prügeln oder etwas zerstören ist keine gute Lösung.

Suche dir einen Ort, wo du ganz allein bist.
Und das kannst du dann alles tun:

- ganz laut schreien
- fest in ein paar Kissen boxen
- laut dabei schimpfen
- eine fetzige Musik anstellen und wild dazu tanzen
- tief Luft holen und dich beim Ausatmen so schütteln, dass alles bei dir schlackert

Danach geht es dir bestimmt schon viel besser.

Überlege dir dann:
- Wie kann ich meine Meinung sagen?
- Wie kann ich mein Problem lösen?
- Gibt es jemanden, mit dem ich über alles reden kann?

In der Natur

Paul Klee: Erinnerung an einen Garten

1. Was gibt es in diesem Bild zu sehen? Beschreibe.

2. Erzähle eine Geschichte zu dem Bild.

- Eigene Vorstellungen entwickeln und beschreiben
- Geschichten nach Impulsen erzählen

Ich lausche

Monika Fink

Anne und Karl lagen im Gras
und erzählten sich selbst erfundene Witze.
Sie kicherten und lachten.
Dabei waren sie sehr laut.
Plötzlich sagte Anne: „Du, Karl, sei still.
Ich glaube, ich habe ein seltsames Geräusch gehört!“
„Was hast du denn gehört?“, fragte Karl.
„Psst! Sei doch still! Sonst kann ich es nicht hören!“
Beide lauschten. Dabei waren sie ganz still.
Sie konnten nun viele Geräusche hören,
die sie vorher nicht gehört hatten.
Sie hörten die Bienen und Käfer summen,
Vögel zwitschern, in der Ferne einen Bach plätschern.
Da hörte Anne wieder das Geräusch.
Es klang, als ob sich jemand anschlich.
„Buuh!“, machte es pötzlich.
Anne und Karl fuhren erschrocken hoch.
Doch es war nur ihr Freund Ingo.
Er hatte sich heimlich angeschlichen, um sie zu erschrecken.
Nun lagen sie alle drei im Gras
und erzählten sich selbst erfundene Witze.
Sie kicherten und lachten.
Dabei waren sie wieder sehr laut.

1 Welche Geräusche hören Anne und Karl?
Suche die Stellen im Text.

2 Seid eine Minute lang ganz still in der Klasse.
Welche Geräusche hört ihr?

▶ Theater-Werkstatt: Seite 180

Wenn ich einen Garten hätte

Ursula Wölfel

Mein Garten ist wie ein Wald, wie ein Urwald.
Ringsum ist alles zugewachsen,
man kann nicht von der Straße hineinsehen.
In der Mitte ist eine Wiese mit Blumen,
aber es gibt keinen Weg und keine Beete.
Ein Bach läuft durch meinen Garten,
und am Ufer wachsen Schwertlilien.
Und dann habe ich eine Hütte in meinem Garten,
nein, eigentlich zwei.
Eine ist oben in einem Baum,
man muss mit einer Strickleiter hinaufklettern.
Dort sitze ich manchmal und lese.
Die andere Hütte steht zwischen den Bäumen, in einem Wald,
ein kleines Blockhaus ist das.
Drinnen gibt es nur ein Heulager, eine Bank und einen Tisch.
Einen Ofen habe ich auch, damit ich mir etwas kochen kann.

Neben der Hütte ist nämlich der Gemüsegarten,
da habe ich Radieschen und Salat gepflanzt
und Möhren und Erbsen, auch ein paar Kartoffeln.
Meistens zünde ich den Ofen in der Hütte gar nicht an,
draußen habe ich nämlich eine Feuerstelle,
nur aus Steinen mit zwei Astgabeln,
in die man den Kochtopf hängen kann.
Abends ist es besonders schön in meinem Garten.
Dann rauschen die Bäume,
und ich sitze mit meinen Freunden am Feuer,
und wir singen und erzählen uns Geschichten.
Dann gehen sie nach Hause, und ich schlafe in meiner Hütte,
und draußen glüht das Feuer noch ein bisschen,
und ich habe keine Angst, wenn die Nachtvögel schreien.
Morgens wasche ich mich am Bach und koche mir Kaffee.
Dann arbeite ich in meinem Garten.
Oder ich sitze oben in meinem Baumnest und lese.

1 Suche im Bild die Dinge, die im Text genannt werden.

2 Beschreibe oder male deinen Wunschgarten.

Tiere im Garten und in der Hecke

Marienkäfer fressen am liebsten Blattläuse. Sie sind wichtige Helfer im Garten. Mit ihrer roten Farbe warnen sie ihre Feinde: Ich schmecke nicht! Will ein Vogel oder eine Spinne sie trotzdem fressen, scheiden sie eine übelriechende Flüssigkeit aus. Die Punkte auf dem Rücken eines Marienkäfers sagen etwas über seine Art aus, nicht über sein Alter.

Kreuzspinnen erkennst du gut an ihrem weißen Kreuz auf dem braunen Hinterleib. Zwischen den Zweigen der Heckensträucher bauen die Kreuzspinnen ihre Radnetze. Wenn sich ein Insekt in ihren Netzen verfängt, eilen sie herbei. Sie töten ihre Beute mit einem Giftbiss und saugen sie dann aus. Für den Menschen sind Kreuzspinnen nicht gefährlich.

Meisen sind muntere Singvögel. Geschickt turnen sie in den Ästen der Bäume und Hecken. Sie fressen Insekten und Samen. Die Kohlmeise ist bei uns am häufigsten. Du kannst sie an ihrem gelben Bauch gut erkennen. Sie brütet in kleinen Höhlen. Im Winter ist sie ein häufiger Gast an den Futterhäuschen.

Igel halten sich tagsüber in der Hecke versteckt. Erst wenn es dunkel wird, kommen sie heraus und gehen auf Nahrungssuche. Am liebsten fressen sie Käfer, Schnecken und Würmer, aber sie jagen auch Eidechsen, Mäuse und sogar Schlangen. Wenn sich die Igel zu ihrer Verteidigung zusammenrollen, stehen ihre spitzen Stacheln steil in die Höhe.

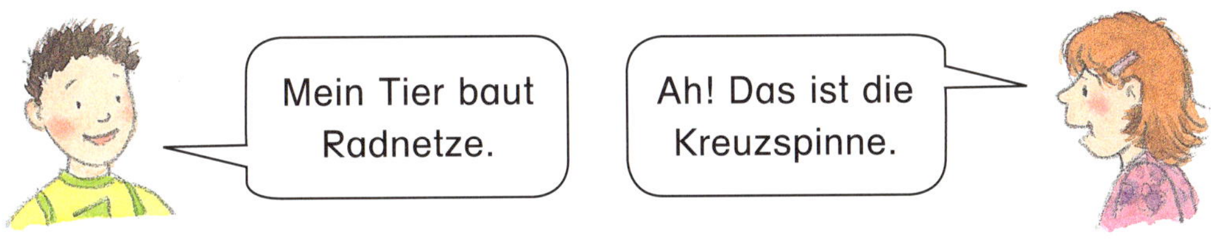

1. Spielt das Frage-Antwort-Spiel weiter: Mein Tier …

2. Informiert euch in Sachbüchern über weitere Tiere im Garten und in der Hecke. Ihr könnt dazu eine Seite gestalten. Stellt euch dann die Tiere gegenseitig vor.

▶ Lern-Werkstatt: Seite 148

Der Maulwurf – kleiner Kerl mit großen Krallen

Im lockeren Erdboden eines Gartens, einer Wiese oder eines Feldes lebt der Maulwurf. Mit seinem walzenförmigen Körper und seinen großen Grabkrallen hat sich der Maulwurf an das Leben unter der Erde angepasst. Dort gräbt er sich lange Gänge und mehrere Nester. Sein Hauptnest wird auch Kessel genannt. Es befindet sich ungefähr 50 bis 80 Zentimeter unter der Erde. Er polstert es mit Laub und Moos aus, denn hier schläft der Maulwurf. Das Weibchen bringt hier die Jungen zur Welt.

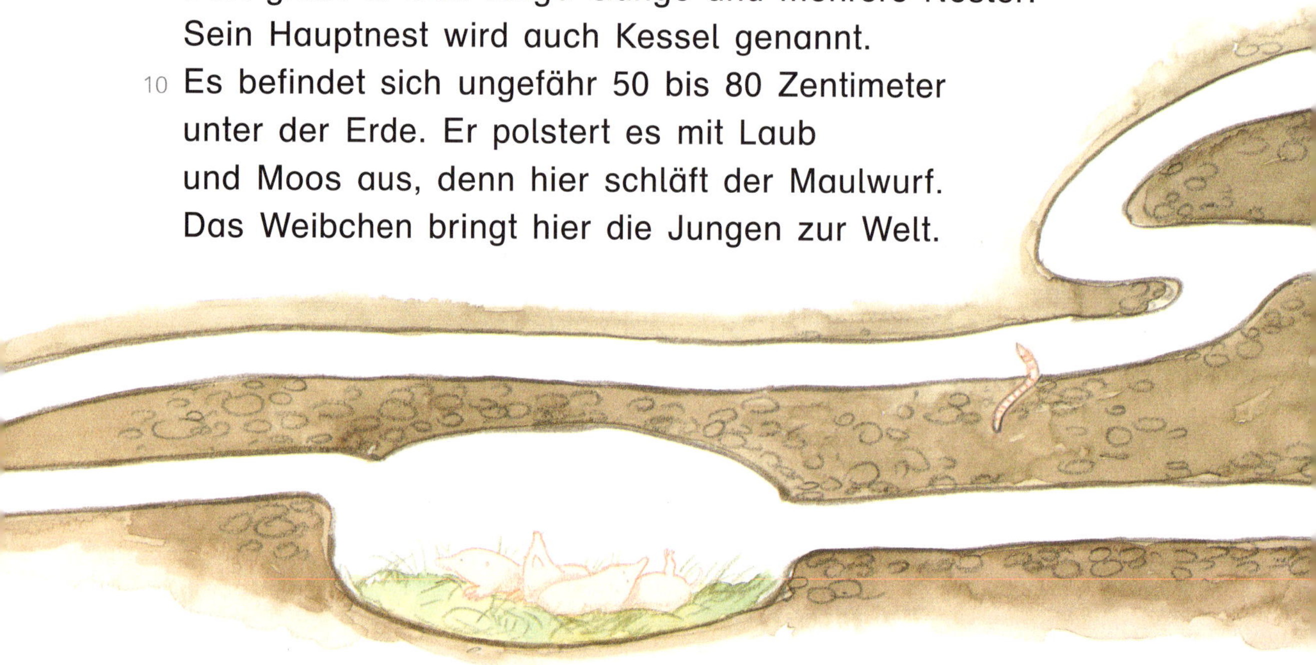

Alle Nester sind durch unterschiedliche Gänge verbunden: Die Laufgänge haben glatte Wände, sodass er sich darin schnell vorwärts bewegen kann. Die Jagdgänge befinden sich knapp unter der Erdoberfläche.

Die Gänge benutzt der Maulwurf, um auf Beute zu warten. Am liebsten frisst der Maulwurf Insekten, Regenwürmer, Schnecken und andere Kleintiere. Er selbst wiegt zwar nur ungefähr 100 Gramm, frisst aber jeden Tag auch genau so viel.

Ob ein Maulwurf unter der Erde lebt, erkennst du an den Maulwurfshügeln: Bei den Bauarbeiten in seinen Gängen wirft der Maulwurf die überschüssige Erde nach oben. Die Hügel haben die Aufgabe, die unterirdischen Gänge mit frischer Luft zu versorgen.

Viele Gartenbesitzer und Landwirte mögen die Maulwurfshügel nicht. Weil viele Tiere deshalb getötet wurden, sind jetzt einige Maulwurfsarten vom Aussterben bedroht. Daher steht der Maulwurf heute unter Artenschutz.

1 Lies die Sätze genau. Nur zwei Sätze sind richtig. Suche zu diesen Sätzen die passenden Stellen im Text.

a. Der Maulwurf gräbt seine Gänge mit kleinen Krallen.
b. Das Hauptnest des Maulwurfs heißt Kessel.
c. Der Maulwurf frisst jeden Tag 100 Regenwürmer.
d. Die Maulwurfshügel dienen der Belüftung der Gänge.
e. Die Maulwurfshügel sind bei allen Menschen beliebt.

2 Berichtige die falschen Sätze. Schreibe sie auf.

3 Wie findest du das Verhalten mancher Menschen gegenüber Maulwürfen? Begründe.

Was ist eine Wiese?

Friedl Hofbauer

Was ist eine Wiese?
Futter für die Kuh.
Und noch was dazu.
Gras und Blumen:
Schmetterlingsflügel.
Bienensummen.
Ameisengekrabbel.
Käfergezappel.
Achtung, Maulwurfshügel!
Margeriten.
Rote Federnelken
vor dem blauen Himmel.
Heupferd übt den Weitsprung
bis zum Kümmel.
Ein Kamillenbusch
öffnet zwei Blüten.
Sommerfliegen flitzen
über Storchschnabelmützen.
Hummeln bummeln
im Honighaus
ein und aus.
Unten am Löwenzahn
geigt eine Grillenschnarre.
Der Wind spielt mit den Halmen
Harfe oder Gitarre,
alles regt sich und bewegt sich,
alles, was da lebt und schwebt,
leuchtet, knistert, flüstert,
brummelt, bummelt –

Was ist eine Wiese?
– Das ist eine Wiese.

(1) Auf der Wiese in diesem Gedicht ist richtig was los!
Lest das Gedicht vor. Ahmt dabei die Geräusche nach,
sprecht mal lauter, mal leiser.

● Über Lesefertigkeiten verfügen
● Gedichte lebendig vortragen

▶ Theater-Werkstatt: Seite 180

Wiese, grüne Wiese

Peter Hacks

Auf einem Maulwurfshügel,
Da sitzt ein Käfermann.
Er lupft die bunten Flügel
Und schaut die Landschaft an.
Sieht Hälmelein an Hälmelein,
Wo könnt es, denkt er, hübscher sein?
Wiese, grüne Wiese.

Pechnelken stehen vorne.
Das Wiesenschaumkraut blüht.
Die blauen Rittersporne
Sind noch mit Tau besprüht.
Des Käfers kleines Herz wird weit
Von ungemeiner Heiterkeit.
Wiese, grüne Wiese.

1 In beiden Gedichten kommen schwierige Wörter vor. Erklärt sie euch gegenseitig – oder schlagt in einem Wörterbuch nach.

2 Was sieht der Käfer in diesem Gedicht alles auf seiner Wiese?

3 Der Käfer wird in diesem Gedicht wie ein kleiner Mensch dargestellt. Sucht solche Stellen.

▶ Lern-Werkstatt: Seite 146

Wiesenspaziergang

Esther Bork

An einem sonnigen Frühlingssonntag gehe ich zwischen Wiesen und Feldern spazieren. Rate mal, wer hier blüht!

Schafgarbe

Zuerst entdecke ich eine Blume, die fast jeder kennt. Diese kleine Pflanze ist ein Langschläfer, denn ihre Blüten öffnen sich erst mittags. Ihre Blütenblätter sind weiß und hellrosa.

Kamille

Die nächste Pflanze finde ich besonders interessant. Am Stängel wachsen herzförmige Täschchen, die sich aus den verwelkten weißen Blüten entwickeln.

Hirtentäschel

Etwas später entdecke ich eine große Pflanze mit einer weißen Blüte, die sehr gut duftet. Sie hat weiche Blätter, die wie eine Feder aussehen. Ihre weiße Blüte besteht aus vielen kleinen Einzelblüten.

Gänseblümchen

Am Ende meines Spaziergangs entdecke ich am Wiesenrand noch eine Pflanze. Sie hat fein verzweigte Blätter, die wie Nadeln aussehen. Ihre Blüten sind gelb und weiß. Ich trinke sie als Tee, wenn ich krank bin.

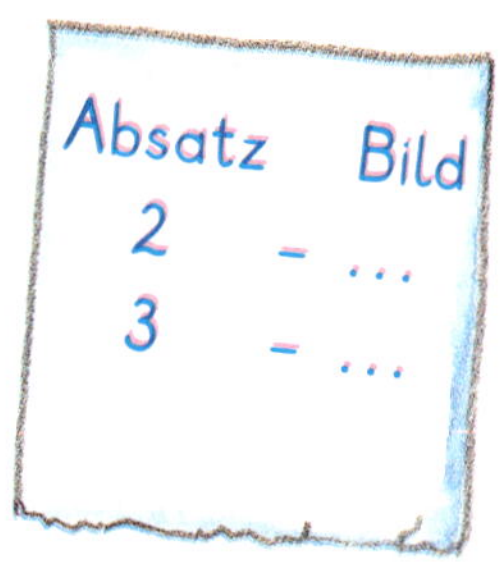

1 Welches Bild passt zu welchem Absatz? Begründe.

2 Notiere dir wichtige Stichwörter zu den Wiesenpflanzen.

► Lern-Werkstatt: Seite 146

Ideenkiste

Als Naturforscher unterwegs

Was du alles brauchst

Wie ihr eure Ergebnisse bearbeiten könnt

- Ihr könnt die Pflanzen zwischen Buchseiten pressen und trocknen.
- Zeichnet einen Käfer oder eine Pflanze so genau wie möglich.
- Wählt die besten Fotos aus.
- Schreibt auf, was euch in der Natur besonders gefallen hat.

Wie ihr eure Ergebnisse anderen vorstellen könnt

- Legt eine Mappe an mit euren Fotos und Texten.
- Ihr könnt weitere Informationen über die Natur im Internet suchen und notieren.

Miteinander leben

Manuela Olten: Wahre Freunde

(1) Wahre Freunde streiten sich nie, oder?
Was meinst du?

- Eigene Meinungen äußern
- Zu anderen sprechen

Wann Freunde auch noch wichtig sind

Georg Bydlinski

Freunde sind wichtig
zum Rudern und Reiten,
Freunde sind wichtig
zum Freunde-Begleiten,

Freunde sind wichtig
zum Aufgabenmachen,
Freunde sind wichtig
zum Weinen und Lachen,

Freunde sind wichtig
zum Träumen und Reden,
Freunde sind einfach
wichtig für jeden!

1 Wann ist für dich ein Freund oder eine Freundin besonders wichtig?

2 Schreibe das Gedicht auf ein Schmuckblatt. Du kannst es jemandem schenken.

3 Lerne das Gedicht auswendig. Trage es in der Klasse vor.

4 Schreibe selbst:
Freunde sind wichtig
...

Petra

Marianne Kreft

Das macht Petra, wenn sie sich
mit Steffen an-freundet:
Sie lächelt Steffen an.
Sie legt ihren Arm um Steffen.
Sie hält Steffen an der Hand.
Sie macht Steffen den Ranzen zu.
Sie setzt sich ganz nah zu Steffen.

Das macht Petra, wenn sie sich
von Steffen ab-freundet:
Sie dreht Steffen den Rücken zu.
Sie guckt Steffen bös an.
Sie streckt Steffen die Zunge raus.
Sie lacht Steffen aus.

1. Spielt die Geschichte nach.
2. Warum hat Petra sich wohl von Steffen abgefreundet? Was könnte da passiert sein?

3. Was macht Steffen, wenn Petra sich von ihm abfreundet?
4. Überlege:
   Darum freunde ich mich mit jemandem an: ...
   Darum freunde ich mich wieder von jemandem ab: ...

● Szenisch spielen
● Verständnis von Texten zeigen
● Eigene Vorschläge äußern

► Theater-Werkstatt: Seite 175

Beste Freundinnen

Nadine Scheer

Ida, Lina und Charlotte sind beste Freundinnen. Aber heute ist alles irgendwie anders. Auf dem Weg zur Schule musste Charlotte rennen, um Ida und Lina noch einzuholen. Den ganzen Schulweg über haben die beiden getuschelt. Charlotte ist traurig.

Als es zur großen Pause klingelt, laufen Lina und Ida einfach aus der Klasse. Immer wieder stecken die beiden die Köpfe zusammen, flüstern und lachen. Auf dem Schulhof sitzt Charlotte allein auf der Schaukel. Sie fängt an zu weinen.

Da kommen Lina und Ida zu ihr gelaufen. Sie wollen wissen, was los ist. Charlotte sagt mit zittriger Stimme: „Den ganzen Tag beachtet ihr mich gar nicht!“ Ida und Lina fangen an zu lachen. „Wir planen doch eine Geburtstagsüberraschung für dich!“

„Und ich dachte schon, ihr wollt nichts mehr von mir wissen!“, sagt Charlotte. „Auf keinen Fall!“, rufen Lina und Ida.

1 Was macht Charlotte so traurig?

2 Wie hättest du dich an Charlottes Stelle verhalten?

3 Hast du auch schon einmal so etwas erlebt? Schreibe deine Geschichte auf.

Von dem Jungen, vor dem alle Angst hatten

Elisabeth Stiemert

In der Dreierlei-Straße wohnte ein Junge, vor dem alle Angst hatten. Der Junge wohnte hier noch nicht lange. Er war größer als die anderen Kinder und er saß auf der Treppe vor seinem Haus einfach so da. Jeden Tag saß der Junge da auf der Treppe und er machte meistens ein böses Gesicht. Sonst machte er nichts. Manchmal spuckte er allerdings, aber nur auf die Straße. Manchmal pfiff er auch laut. Er steckte zwei Finger in seinen Mund und pfiff dann wirklich ganz laut. Manchmal boxte er auch in die Luft. Mit zwei Fäusten boxte er vor sich hin, als ob jemand da wäre, den er so boxte. Aber er saß immer auf der Treppe dabei. Trotzdem hatten die anderen Angst. Wenn die Kinder aus der Dreierlei-Straße einkaufen mussten, gingen sie nicht an dem Jungen vorbei. Sie gingen hinüber auf die andere Seite der Straße. Und wenn der Junge zu ihnen hinsah, liefen sie schneller. Manche glaubten, der Junge hätte ein Messer. Manche glaubten auch, er nehme ihnen das Geld, das sie zum Einkaufen brauchten, und Spielsachen machte er sicher kaputt. Ein Junge, der immer so böse guckte, machte sicherlich alles kaputt. Und bestimmt haute er kleinere Kinder. Einmal kam ein Kind zu Besuch in die Dreierlei-Straße, und nach dem Kaffeetrinken kam das Kind heraus.

Es hatte seinen Ball mitgebracht und wollte sehr gerne spielen. Das Kind ging mit dem Ball zu dem Jungen. Es wusste ja nicht, dass die anderen vor ihm Angst hatten. „Wollen wir spielen?“, fragte das Kind diesen Jungen. Der Junge guckte erstaunt. Dann stand er auf von der Treppe und lachte. „Los“, sagte der Junge, „wir spielen Torschießen!“ Die anderen Kinder aus der Dreierlei-Straße sahen sich an, wie der Junge mit dem fremden Kind spielte. Sie standen weit weg. Aber sie sahen, dass der Junge auch lachte. „Vielleicht hat der Junge kein Messer“, dachten sie jetzt. „Vielleicht nimmt er kein Geld weg.“ „Vielleicht macht er auch gar nichts kaputt und sicherlich haut der Junge auch keinen.“ Morgen wollten sie ihn fragen, ob er Lust hätte, mit ihnen zu spielen.

1 Was macht der Junge auf der Treppe? Was machen die anderen Kinder?

2 Was denken die Kinder über den Jungen?

3 Spielt die Geschichte nach.

4 Warum denken die Kinder am Ende anders über den Jungen?

Opageschichten vom Franz

Christine Nöstlinger

Der Franz hat eine Mama, einen Papa,
einen großen Bruder, den Josef, und eine Oma.
Die Oma ist die Mutter vom Papa,
sie lebt im Altersheim,
nicht weit weg von der Hasengasse,
wo der Franz wohnt.
Einen Opa hat er nicht.
Der Vater vom Papa ist vor fünf Jahren gestorben,
da war der Franz drei Jahre alt.
Und die Eltern der Mama waren schon tot,
wie der Franz auf die Welt gekommen ist.
Dass er keinen Opa hat,
stört den Franz nur, wenn der Eberhard Most
von *seinem* Opa erzählt.
Der Eberhard ist der Freund vom Franz.
Sein Opa repariert alle Spielsachen
und rückt Taschengeld raus.
So einen Opa hätte der Franz gern,
aber er tröstet sich damit,
dass nicht alle Opas so viel taugen,
und sagt sich: „Ich könnte ja auch einen Opa
wie die Gabi haben!“
Die Gabi ist die Freundin vom Franz.
Sie wohnt im Haus vom Franz, nebenan,
in der Nachbarwohnung,
und ihr Opa ist ein Ekel. Geld rückt er nie raus,
Spielsachen repariert er auch nicht,
und er schimpft immer, dass die Gabi keine Manieren hat.

1 Erzähle von deinem Opa oder deiner Oma.

● Leseeindrücke umsetzen
● Zu anderen sprechen

Luzie und Linus

Charles M. Schulz

1 Wie findet ihr Luzies Verhalten?

2 Was ist eine Vereinbarung? Unterhaltet euch darüber.

3 Was macht eine gute Vereinbarung aus?

4 Hast du schon einmal eine Vereinbarung mit jemandem getroffen? Was für eine Vereinbarung war das?

5 Was ist bei einem Comic anders als bei einem Zeichentrickfilm?

Das kleine große Mädchen

Uri Orlev

Daniela war ein kleines Mädchen. […] Sie war sehr viel kleiner als ihr Vater und ihre Mutter. […] Manchmal traf Daniela ihre Tante Orit, die sagte jedes Mal: „Oh! Du bist aber groß geworden!“ Doch Daniela wusste, dass sie klein war, und das ärgerte sie.

Bis Daniela eines Nachts aufwachte und plötzlich sehr groß war. Groß und breit. Sie stieg aus dem Bett und lief mit langen Schritten zum Schlafzimmer ihrer Eltern. Der Vater und die Mutter schliefen und lagen so klein in ihrem Bett, dass Daniela in ein lautes Lachen ausbrach.
[…]

Daniela hob sie beide hoch, jeden auf einen Arm, und trug sie zum Badezimmer. Dort wusch sie erst den Vater, sein Gesicht und seine Hände, und putzte ihm die Zähne.

Dann wusch sie die Hände und das Gesicht der Mutter. Die Mutter wollte sich die Zähne selber putzen, aber Daniela erlaubte es nicht, weil sie es sehr eilig hatte. „Nein, Mama“, sagte sie, „morgen haben wir mehr Zeit, dann darfst du dir die Zähne selber putzen.“

Sie nahm die Eltern an die Hand und führte sie zum Kleiderschrank. „Du ziehst das an, was ich dir sage“, sagte sie zum Vater. „Und hör jetzt auf, in der Schublade herumzusuchen.“ Sie gab dem Vater seine Anziehsachen und er zog sich ohne Murren an. „Und du wühl nicht im Schrank“, sagte Daniela zur Mutter. „Ich suche dir ein Kleid aus.“

„Ich will aber eine Hose“, sagte die Mutter. „Jeden Tag das gleiche Theater“, sagte Daniela.

1 Erzählt diesen besonderen Tag von Daniela und ihren Eltern weiter. Wie könnte dieser Tag zu Ende gehen?

2 Warum ist Daniela wohl so streng zu ihren Eltern?

► Geschichten-Werkstatt: Seite 161

Auf dem Spielplatz

Anna Apelt

Die Kinder schaukeln auf der Wippe.
Paul sitzt im Rollstuhl und schaut zu.
Anne soll auf ihn achten.
Anne schaukelt mit Cansu.
Paul schaut zu.
Jan schaukelt mit Cansu.
Paul schaut zu.
Sinan schaukelt mit Anne.
Paul schaut zu.
Da hat Anne eine Idee.
Auf einer Bank sitzen
ein paar Jugendliche.
Anne läuft hin.
„Paul will mal schaukeln“, sagt sie
und zeigt auf den Rollstuhl.
Die Jugendlichen auf der Bank
sehen sich an.
Ein Junge nickt.
„Das wird sich machen lassen“, sagt er.

1. Wie viele Kinder kommen in der Geschichte vor?
   Schreibe ihre Namen auf.
   Was tun die Kinder in der Geschichte?

2. Gebt den Jugendlichen auf der Bank Namen.
   Erzählt die Geschichte weiter.

3. Schreibe das Ende der Geschichte auf.

Ideenkiste

Mein geheimer Freund

Jedes Kind der Klasse schreibt
seinen Namen auf einen Zettel,
faltet ihn und legt ihn in einen Korb.
Dann darf jedes Kind
einen Zettel ziehen.

Lies den Namen, der auf deinem Zettel steht, nur für dich.
Du darfst niemandem verraten, wen du gezogen hast.
Jetzt weißt nur du, wer in der nächsten Woche
dein geheimer Freund ist.
Auch dein geheimer Freund darf dies nicht wissen.

Zu deinem geheimen Freund
solltest du besonders freundlich sein.
Du kannst dir auch etwas Besonderes für ihn überlegen.
Aber übertreibe es nicht!

Am Ende der Woche darf jedes Kind raten,
wer wohl der geheime Freund war.
Toll ist es, wenn man seine Meinung begründen kann.

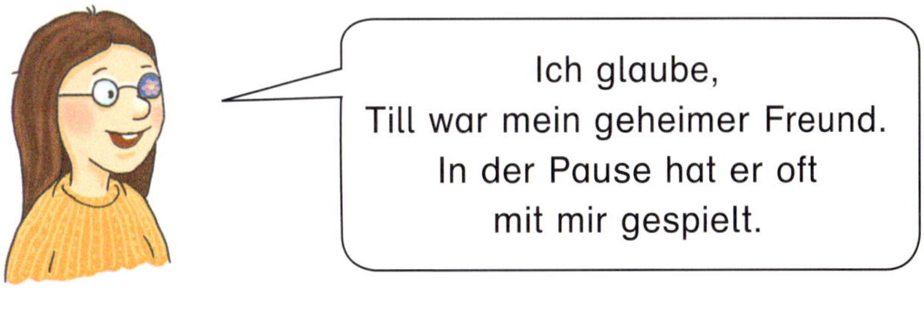

Alle Namenszettel werden wieder eingesammelt.
In der nächsten Woche beginnt das Spiel von vorne.

Häuser und Türme

(1) Sieh dir das Bild ganz genau an.
- Was machen die einzelnen Personen?
- Was möchtest du noch über sie wissen?

(2) Lies den Text auf der nächsten Seite.

- Einem Bild Informationen entnehmen
- Beobachtungen äußern
- Eigene Fragen formulieren

Ein Baumhaus wird gebaut

Paul Tosbat

Lisa und Finn wünschen sich schon so lange ein Baumhaus. Hinten im Garten gibt es einen großen Apfelbaum. Er hat starke Äste und bietet genügend Platz für ein Baumhaus. Seit Wochen haben die Kinder bei den Nachbarn altes Baumaterial gesammelt. Papa hat dazu noch einige neue Balken und Bretter gekauft.

Heute ist Samstag und der Bau kann beginnen! Zuerst hat Mama zwei Balken als Stützen direkt am Baum befestigt. Jetzt steht Papa auf der Leiter. Er hat eine Säge in der Hand und nagelt Bretter auf die Balken und Äste. Die Bretter sind schon der Fußboden des Baumhauses. Lisa reicht ihm einen Nagel. Finn steht im Baum auf einem Ast und misst mit einer Schnur aus, wie lang das nächste Brett werden soll. Mama sägt ein Brett auf die richtige Länge.

Eben kommt Opa. Er stellt eine große Schüssel Kartoffelsalat und Würstchen auf den Gartentisch. Er hat das Picknick vorbereitet und will auch beim Bauen mithelfen.

1. Was ist auf dem Bild anders als im Text? Notiere dir Stichwörter. Sprecht darüber. Welche Unterschiede kannst du im Text finden? Notiere die Zeilen.

2. Beschreibe, was oder wie gebaut wurde. Schreibe die wichtigsten Punkte dazu auf. Du kannst dazu auch malen.

- Bild- und Textinformationen vergleichen
- Texte erschließen

► Lern-Werkstatt: Seite 144

Auf einer Baustelle

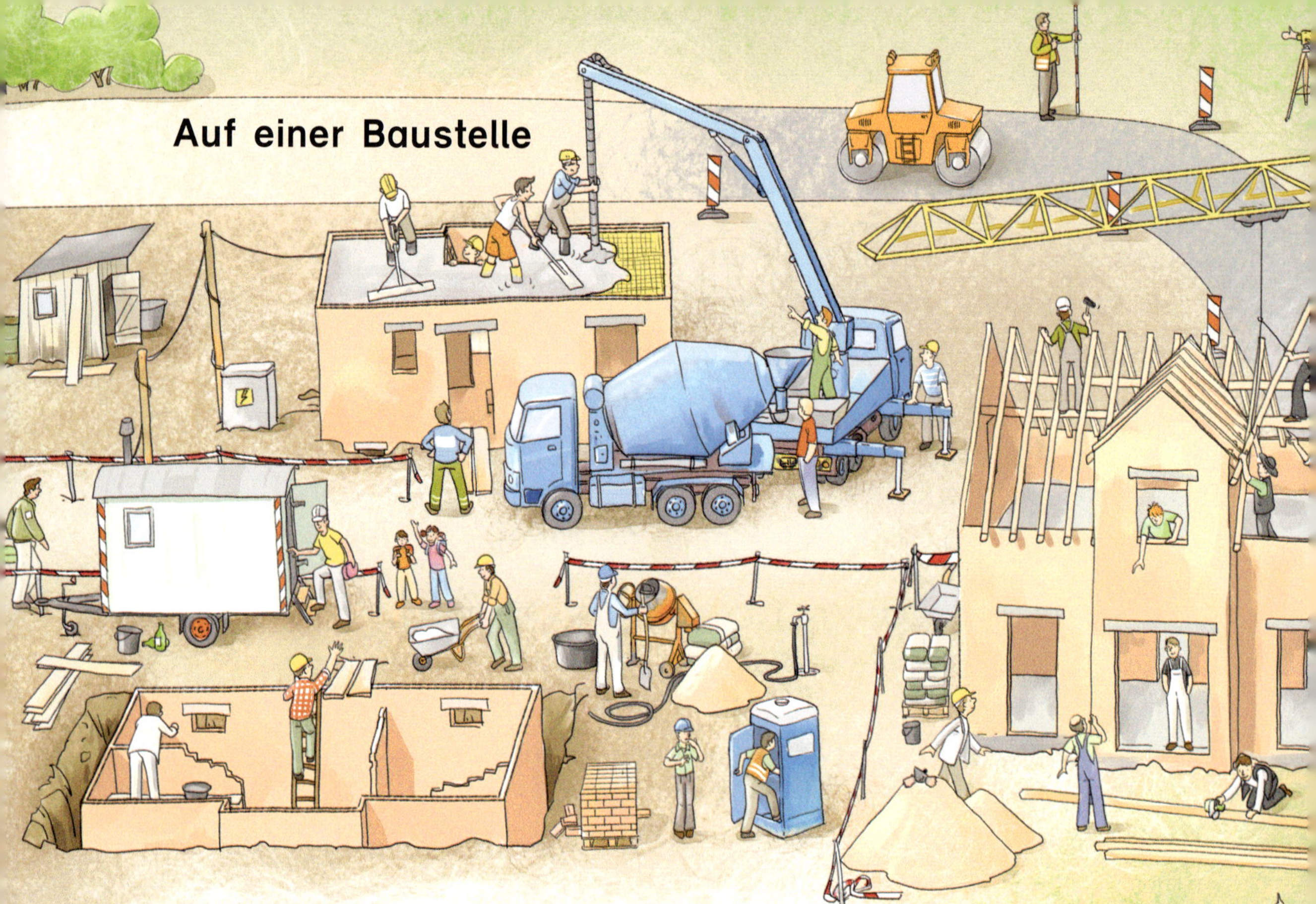

In einem Neubaugebiet entstehen viele neue Häuser. Du kannst dort eine Menge beobachten. Jede Baustelle ist abgesperrt. Als Fremder darf man sie nicht betreten. Zuerst wird das Grundstück von den Bauarbeitern vermessen. Ein Bagger hebt dann den Boden aus. An einer anderen Stelle planiert eine Raupe den Boden. Der Architekt vergleicht mit seinem Plan, ob die Bauarbeiten stimmen. Hoch oben im Kran sitzt der Kranführer in seiner Kabine. Er hebt vorsichtig Baumaterial und Rohre in die Baustelle. Wenn der Keller eines Hauses fertig gebaut ist, wird die Betondecke gegossen. Nun können die Maurer darauf das Erdgeschoss bauen. Das Haus ist fast fertig, wenn alle Mauern und die Stockwerke stehen.

Jetzt kommen die Zimmermänner und bauen den Dachstuhl auf. Meistens feiert man dann ein Richtfest. Danach beginnen die Arbeiten im Haus: Der Fensterbauer baut die Fenster ein. Der Elektriker verlegt die Stromleitungen. Der Installateur legt die Wasserleitungen und die Verputzer verputzen die Wände und Decken. Zum Schluss werden die Bodenbeläge verlegt und die Türen eingebaut. Jetzt dauert es nicht mehr lange, bis die Familien in ihr neues Haus einziehen können. Wenn das Haus fertig ist, wird der Garten angelegt. Bald können die Kinder darin spielen.

1. Seht euch das Bild genau an. Sprecht darüber.
2. Lest den Text. Klärt die unbekannten Wörter.
3. Was hast du schon auf Baustellen beobachtet? Erzähle.

▶ Lern-Werkstatt: Seite 144, 146

Friedensreich Hundertwasser

Friedensreich Hundertwasser war ein Künstler. Er gab sich seinen Namen selbst. Es kamen sogar noch weitere Namen dazu, zum Beispiel Regentag und Dunkelbunt. Er arbeitete als Maler, Architekt und Philosoph. Hundertwasser hatte viele Ideen, die dann zu Bildern wurden, andere wurden zu unverwechselbaren Bauwerken. Durch sie wurde er auf der ganzen Welt bekannt. Gerade Linien oder geometrische Formen mochte Hundertwasser nicht. Runde Bauformen waren ihm besonders wichtig. Er liebte leuchtende und bunte Farben. Auch die Natur liebte er. Deshalb wollte er sie schützen und ehren. Das alles findet man in seinen Werken wieder. Hundertwasser selbst wollte mit der Natur leben und baute nach seinen Vorstellungen Häuser.

Das Hundertwasserhaus

Das Hundertwasserhaus in Wien ist ein berühmtes Bauwerk. Es ist ein buntes, ungewöhnliches Wohnhaus. Man findet am und im Haus nur wenige gerade Linien. Selbst die Böden in den Gängen sind ein wenig uneben. Auf dem Dach wurden sogar Bäume und Büsche gepflanzt. Heute sieht das Dach wie ein kleiner Park aus. Hundertwasser wollte, dass sich alle Bewohner in ihrem Haus wohlfühlen und glücklich sind.

Die Hundertwasserschule

In Wittenberg stand eine Schule, die sehr hässlich aussah. Sie hatte nur graue Betonwände mit Fenstern. Keiner fühlte sich darin recht wohl. Die Schule holte sich Rat vom Künstler Hundertwasser. Er half ihnen mit seinen Ideen, die Schule neu zu gestalten. Die Schule wurde von den Schülerinnen und Schülern, den Lehrerinnen und Lehrern und dem Künstler gemeinsam umgestaltet. Am Gebäude und im Pausenhof stehen heute viele Säulen. Sie sind aus Kugeln und bunten Teilen zusammengesetzt. Auch die Wände und das Dach sind jetzt besonders gestaltet. An einer Hauswand wachsen sogar Bäume aus den Fenstern. Hundertwasser gab ihnen den Namen Baummieter. Anderen Teilen der Schule hat er auch Namen gegeben. Die Hundertwasserschule leuchtet heute in bunten Farben. Auf dem Dach wachsen viele Pflanzen.

1. Sieh dir die Fotos genau an.
2. Was sieht an den Hundertwasser-Gebäuden anders aus als an gewöhnlichen Häusern?
3. Wie wohnst du? Erzähle einem Partner davon.
4. Beschreibe das Besondere an der Hundertwasserschule. Vergleiche mit deiner Schule.
5. Wie sieht deine Traum-Schule aus? Zeichne oder schreibe.

Aus einem Lexikon

Türme sind sehr hohe Gebäude. Überall auf der Welt werden sie gebaut. Es gibt ganz verschiedene Türme. Jeder Turm hat einen besonderen Zweck.

Der große Turm auf Burgen heißt Burgturm.
Von seiner Spitze hat man einen weiten Blick ins Land. So konnten die Burgbewohner rechtzeitig sehen, wenn ein Feind heranzog. Wurde die Burg von Feinden erstürmt, zogen sich die Burgbewohner in den Turm zurück.

Der Kirchturm ist ein Teil der Kirche. Oben im Kirchturm hängen die Glocken. So kann man das Läuten überall gut hören. Früher waren Kirchtürme die höchsten Gebäude im Dorf oder in der Stadt.

Der Leuchtturm steht an der Küste. Bei Dunkelheit sendet er ein Lichtsignal von seiner Spitze.

1. Schreibe die Wörter auf, die du nicht verstehst. Lass sie dir erklären.

2. Wie viele Türme werden im Text beschrieben?

Mit moderner Technik und neuen Baustoffen können die Menschen heute noch viel höhere Türme bauen als in früheren Zeiten. Manche Hochhäuser sind über 400 Meter hoch. Solche Türme nennt man Wolkenkratzer.

Von einem Fernsehturm werden Funkwellen für Fernsehen und Radio gesendet. Damit die Funkwellen weit reichen, müssen die Türme sehr hoch sein. Es gibt Fernsehtürme, die sind über 500 Meter hoch.

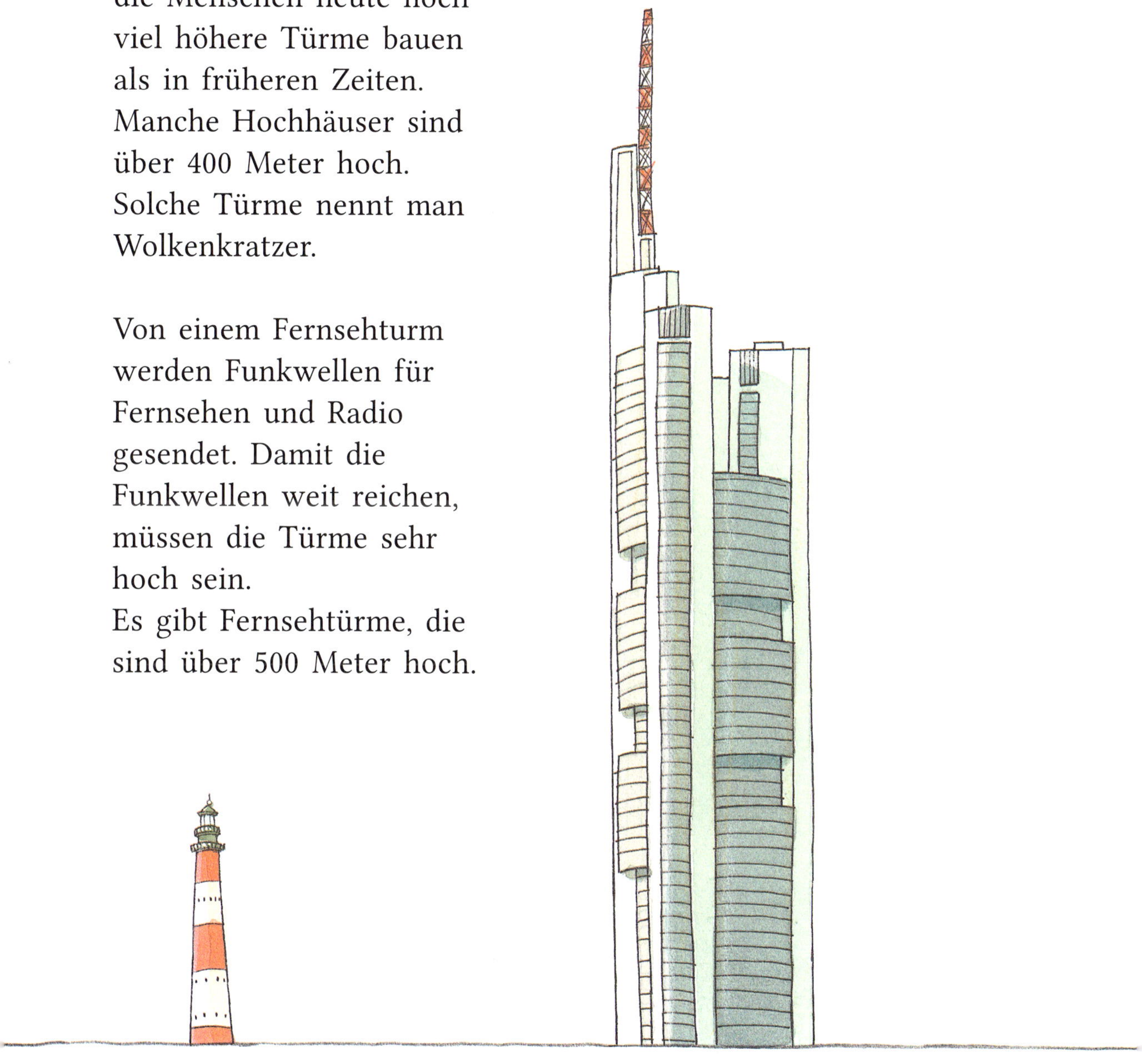

(3) Vier Türme aus dem Text sind hier abgebildet. Welche sind es? Welcher Turm fehlt?

(4) Welche Türme kennst du noch? Erzähle oder schreibe auf.

Was Tom gemacht hat

Aliki

Was Peter gemacht hat

Aliki

1 Was würdest du an Toms Stelle tun?

Ein tolles Spiel

Wolfgang Menzel nach Robert Louis Stevenson

Wir bauten ein Schiff auf dem Treppenflur
mit Trittleiter, Stühlen, Matratze und Schnur.
Wir stopften es mit Kissen aus
und wollten damit aufs Meer hinaus.

Wir hatten Handwerkszeug in den Taschen,
auch Wasser war da in großen Flaschen.
Und Tom rief: „Kekse brauchen wir auch!
Kein Seemann segelt mit leerem Bauch!“
So konnten wir für viele Stunden
auf Segeltour die Welt umrunden.

Wir segelten, ruderten, sangen viel,
was war das für ein tolles Spiel!
Doch Tom tat sich weh, er fiel von der Leiter.
So segelte ich alleine weiter.

1 Wie stellst du dir dieses Schiff vor?
Male ein Bild zu diesem Gedicht.

2 Schreibe eine Geschichte von einem ähnlichen Spiel.
Du kannst auch am Computer schreiben.

Wir haben mal eine Höhle gebaut.

Und wir ein Raumschiff.

- Eigene Vorstellungen zu Texten festhalten
- Texte zu Themen schreiben

► Lern-Werkstatt: Seite 153

Ideenkiste

Einen Turm aus Schachteln bauen

Sammle verschieden
große Pappschachteln.
Baue die Schachteln
der Größe nach auf,
sodass ein Turm entsteht.

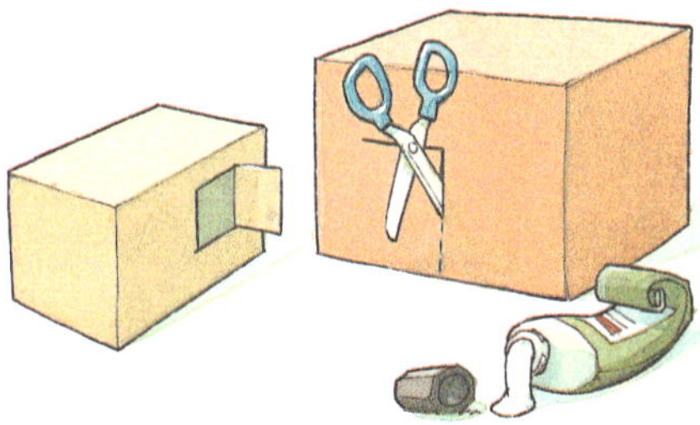

Schneide mit der Schere
Fenster und Türen ein.
Danach kannst du
die Schachteln festkleben.

Bemale deinen Turm
mit Farben.
Türen und Fenster können
verschiedene Farben bekommen.
Du kannst auch Steine aufmalen.

Bücher, Bücher

Lesen überall und jederzeit

(1) Wer liest und wer liest nicht?

2 Und wo liest du?

- Einem Bild Informationen entnehmen
- Vorwissen nutzen
- Eigene Leseerfahrung schildern

Lieblingsbücher in der Klasse 2d

Die Kinder der Klasse 2d wollen Bücher für ihre Bücherecke mitbringen. Vorher wollen sie herausfinden, welche Bücher ihnen am besten gefallen. Jedes Kind der Klasse 2d hat angegeben, welche Bücher es am liebsten liest.

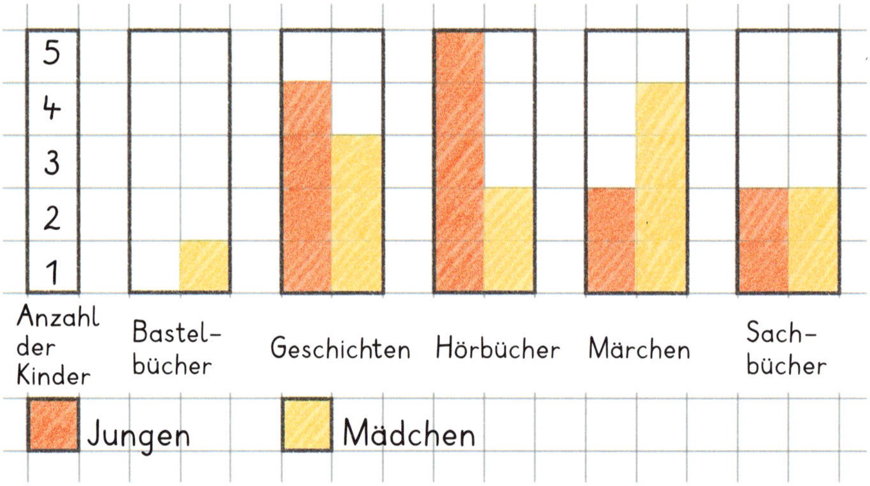

1. Sieh dir das Ergebnis der Umfrage an.
   Schreibe die Antworten zu den Fragen auf.
   a. Welche Bücher mögen die Jungen am liebsten?
   b. Welche Bücher lesen die Mädchen am liebsten?
   c. Welche Bücher lesen Jungen gar nicht?
   d. Welche Bücher gefallen Jungen und Mädchen gleich gut?

2. Welche Bücher gefallen dir am besten?
   In welche Spalte würdest du dich eintragen?

3. Welche Bücher gefallen den Jungen und Mädchen in eurer Klasse?
   Macht eine Umfrage und stellt das Ergebnis vor.

► Lern-Werkstatt: Seite 147

Das schönste Ei der Welt

Helme Heine

Es waren einmal drei Hühner –
Pünktchen, Latte und Feder,
die stritten sich,
wer die Schönste von ihnen sei.

Pünktchen
besaß das
schönste Kleid.

Latte
hatte die
schönsten Beine.

Und Feder
trug den
schönsten Kamm.

Weil sie sich nicht einigen konnten,
beschlossen sie, den König um Rat zu fragen.
„Es kommt auf die inneren Werte an“,
sagte der König.
„Wer das schönste Ei legt,
soll gewinnen und Prinzessin werden.“

Er ging hinaus in den Park,
und alle Hühner seines Königreiches
folgten ihm.

Pünktchen fing als Erste an zu gackern.
Vorsichtig hockte sie sich
mit ihrem schönen Kleid ins nasse Gras.
Es dauerte nicht lange, da erhob sie sich
und trat zur Seite.

Alle waren sprachlos.
So etwas hatten sie noch nie gesehen:
Vor ihnen lag ein schneeweißes,
makelloses Hühnerei,
ohne jede Druckstelle,
mit einer Schale
wie polierter Marmor.

„Vollkommener geht es nicht!“,
rief der König –
und alle, alle nickten.
Als Latte zu gackern begann, bedauerten sie alle.
Ein vollkommeneres Ei konnte man nicht legen,
das war unmöglich.

Aber nach zehn Minuten erhob Latte sich erleichtert,
und ihr Kamm leuchtete in der Morgensonne.

Der König klatschte vor Freude
laut in die Hände:
Vor ihm lag ein Hühnerei,
so groß und schwer,
dass selbst ein Vogel Strauß
neidisch geworden wäre.

„Größer geht es nicht!“,
rief der König –
und alle, alle nickten.

Während sie noch nickten, hockte sich Feder hin. Alle bedauerten sie sehr, denn ein vollkommeneres oder ein größeres Ei konnte sie nicht legen. Das war undenkbar. Feder gackerte kaum. Es war ihre Art: Bescheiden, mit niedergeschlagenen Augen saß sie da.

Dann stand sie auf. Vor ihnen lag ein viereckiges Hühnerei, von dem man in hundert Jahren noch erzählen wird. Die Kanten waren wie mit dem Lineal gezogen, jede Fläche leuchtete in einer anderen Farbe.

„Fantastischer geht es nicht!“, rief der König – und alle, alle nickten.

Es war unmöglich zu sagen, welches Ei das schönste war. Auch der König wusste es nicht. So kam es, dass alle drei Prinzessin wurden: Pünktchen, Latte und Feder. Und wenn sie nicht gestorben sind, dann legen sie noch heute.

1 Wie hättest du dich als König entschieden? Begründe deine Entscheidung.

2 Die Geschichte könnt ihr auch spielen.
- Wer spielt alles mit?
- Überlegt euch, was ihr alles braucht und wie ihr euch verkleiden könnt.

- Eigene Meinungen äußern
- Sich in eine Rolle versetzen
- Szenisch spielen

▶ Theater-Werkstatt: Seite 178, 179

Das ist Helme Heine

Er ist der Autor vieler Kinderbücher.
Seine Bücher sind
auf der ganzen Welt bekannt.
Sie wurden in 35 Sprachen übersetzt.

Auf der Seite 89 findest du
eine Geschichte von Helme Heine.

*Eine Schülergruppe der Schülerzeitung KÜKEN
hat das Buch „Das schönste Ei der Welt“ gelesen
und sich Fragen für ein Interview mit Helme Heine überlegt.
Über Helme Heines Antworten haben sie sich sehr gefreut:*

Wie sind Sie auf *Das schönste Ei der Welt* gekommen?
Mit dem Buch wollte ich zeigen,
dass es das Schönste an sich nicht gibt.

Seit wann schreiben Sie?
Seit meiner Einschulung.
In der Schule habe ich das ABC gelernt
und mit 30 Jahren das Bücherschreiben.

Wie lange brauchen Sie für ein Buch?
Das ist ganz unterschiedlich.
Manchmal sechs Monate, manchmal ein paar Jahre.
Dazu kommt eine lebenslange Erfahrung.

Welches ist Ihr Lieblingsbuch?
Immer das Buch, an dem ich gerade arbeite.

Wie sind Sie zum Schreiben gekommen?

Durch meinen 12-jährigen Aufenthalt in Afrika.
Dort gab es kein Fernsehen und der Abend war so schön wie die Geschichten, die man sich erzählte.

Haben Sie einen Lieblingsleseplatz?

Tagsüber im Garten am Meer, abends im Bett.

Wie und wann arbeiten Sie?

Jeden Morgen gehe ich nach dem Frühstück
durch meinen großen Garten,
vorbei an Bananen-, Zitronen- und Orangenbäumen
in mein Studio.

Wo wohnen Sie?

Seit 20 Jahren lebe ich in Neuseeland
auf einer Halbinsel.
Einmal in der Woche besuchen mich
die Delfine in meiner Bucht.
Neuseeland liegt auf der
anderen Seite der Erde,
deshalb ist es bei mir Abend,
wenn bei euch morgens
die Schule beginnt,
und bei mir ist Sommer,
wenn ihr Schlitten fahrt.

1. Suche dir Fragen aus, die du wichtig findest.
   Lies sie deinem Partner vor.
   Dein Partner sucht die Antworten in dem Interview.

2. Kennst du noch andere Geschichten von Helme Heine?
   Du kannst auch von Filmen oder Hörspielen erzählen.

Das ist aber total mein Buch

Lauren Child

Charlie hat eine kleine Schwester. Die heißt Lola. Und Lola will unbedingt das Buch „Käfer, Wanzen und Schmetterlinge“ in der Bücherei ausleihen. Dabei hat sie es sich schon letztes Mal ausgesucht. Und das Mal davor …

Dann sind wir in der Bücherei, und ich muss Lola sagen: „Schsch! Lola, das ist eine Bücherei. Wir müssen leise sein.“ Lola sagt: „Tschuldigung. Aber ich kann mein Buch nicht finden!“ Ich sage: „Du musst bei den Büchern suchen, die mit K anfangen.“ Lola sagt: „K, K, K, Kribbel, Krabbel … Wo ist es hin?“ Ich sage: „Schsch …! Sei leise, Lola!“ Lola sagt: „Ich bin ja leise, Charlie!“ Ich sage noch mal: „Schsch …!“ „Ich bin ja schsch …, aber mein Buch ist weg!“ Ich sage: „Lola, jetzt sei endlich still!“ Lola sagt: „Aber Charlie, mein Buch ist verschwunden! Es ist apselut* nicht da!“

Ich sage: „Lola, überleg doch mal. Das hier ist eine Bücherei. Jemand hat das Buch ausgeliehen.“ Lola sagt: „*Käfer, Wanzen und Schmetterlinge* ist aber total mein Buch!“ Ich sage: „Aber es ist nicht deine Bücherei. Jemand anderes wollte das Buch eben auch mal lesen.“ Lola sagt: „Aber das darf der nicht. Es ist mein Buch!“ Also sage ich: „Lola, es gibt tausend andere Bücher, die du ausleihen kannst, und die stehen alle hier. Es gibt Detektivgeschichten und Bücher über Dinosaurier.

* Richtig wird das Wort so geschrieben: absolut.

Abenteuerbücher und Gruselgeschichten.
Bücher über Prinzessinnen, Burgen und Drachen.
Und Bücher über Flugzeuge und Astronauten.
Über Vulkane. Monster, Berge und Zwerge.
Und Bücher über Elfen.
Wie wär's denn mit *Geparden und Schimpansen*?“
Lola sagt: „Sind da Käfer,
Wanzen und Schmetterlinge drin?“
Und ich sage: „Nein. Da sind Geparden
und Schimpansen drin.
Versuch's doch wenigstens mal, Lola, bitte.“

Lola sagt: „Na gut. Ich versuch's.
Aber es wird nicht so gut sein wie ...“
Aber dann sagt Lola:
„Oh! Guck mal. Geparden sind unheimlich schnell,
und die Schimpansen sind sehr frech
und eigentlich sind sie ...
Weißt du was, Charlie ...?
Dieses Buch ist wahrscheinlich das allerallerbeste
Buch auf der ganzen, weiten Welt.
Weil es so interessant ist. Und so schön!
Und, weißt du, es hat die apselut* besten Bilder,
die ich je gesehen habe,
und die Schimpansen-Babys sind sooo witzig ...“

1 Welches Buch will Lola haben?
Welche Bücher bietet Charlie Lola an?

2 Warum ändert Lola wohl ihre Meinung
über das Buch *Geparden und Schimpansen*?

3 Was erfährst du alles über eine Bücherei?

- Verständnis von Texten zeigen
- Vermutungen äußern

Ideenkiste

Lesetipps

Mein Buch heißt:
Liliane Susewind –
Mit Freunden ist man nie allein.
Die Autorin heißt: Tanya Stewner.
Das Buch habe ich in der
Stadtbücherei entdeckt.
Es hat mir gut gefallen,
denn ich mag Liliane-Geschichten.
In dem Buch geht es um Mut und Freunde.
Das Ende ist besonders schön.

Katharina

Mein Buch hat den Titel: „Sehr berühmt"
Philip Waechter ist der Autor.
Es handelt von einem Jungen,
der davon träumt,
ein erfolgreicher Fußballspieler zu werden.
Das Buch habe ich mir aus der Schulbibliothek ausgeliehen. Besonders lustig finde ich die Bilder.
Ich möchte auch einmal ein berühmter Fußballer werden.
Dafür trainiere ich schon zweimal in der Woche.

Cem

- Sich über Leseerfahrungen austauschen
- Eigene Leseerfahrungen beschreiben

► Lern-Werkstatt: Seite 151

Hörtipps

Ich habe mir in der Stadtbibliothek
ein Hörbuch ausgeliehen.
Ich mag es, Geschichten mit Kopfhörern
zu hören, dann stört mich niemand.
Die Geschichte von den drei
Freunden hat Helme Heine geschrieben.
In diesem Hörbuch liest er seine Geschichte
selbst vor. Das finde ich besonders schön.
Die Geschichte ist lustig und spannend.

Daria

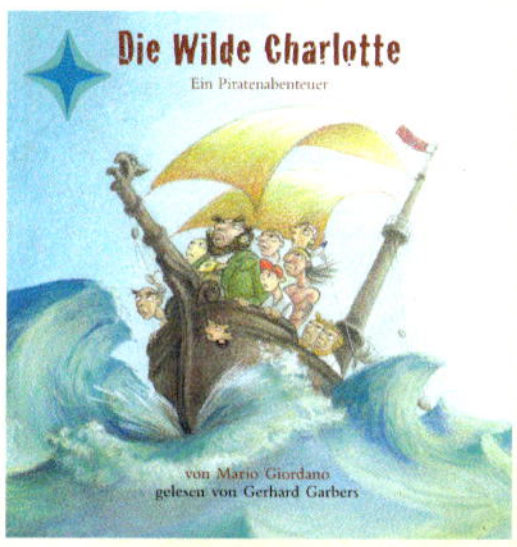

Mein Lieblingshörbuch ist
von Mario Giordano.
Es hat den Titel: „Die Wilde Charlotte"
Das ist ein Piratenschiff.
Der Wilde Olaf ist
der Kapitän eines Piratenschiffes.
Zusammen mit seiner Mannschaft findet er heraus,
warum plötzlich so viele Kaperschiffe verschwinden.
Es ist wirklich ein spannendes Hörbuch.

Kevin

1. Schreibe auch so einen Tipp
für dein Lieblingsbuch oder dein Lieblingshörbuch.

2. Stellt eure Tipps in der Klasse vor.
Ihr könnt auch eine Wandzeitung damit gestalten.

Jahreszeiten, Feste und Feiern

Ein Jahr fühlen

Daniela Nager

Mache ich im Frühling die Augen zu,
höre ich: leises Vogelzwitschern,
rieche ich: Hyazinthenduft,
spüre ich: erste Sonnenstrahlen,
schmecke ich: Waldmeistersirup.

Mache ich im Sommer die Augen zu,
höre ich: Bienen summen,
rieche ich: Sonnencreme,
spüre ich: Gras zwischen den Zehen,
schmecke ich: Erdbeeren.

Mache ich im Herbst die Augen zu,
höre ich: Regen prasseln,
rieche ich: nasses Moos,
spüre ich: den Wind am Drachen ziehen,
schmecke ich: Kürbissuppe.

Mache ich im Winter die Augen zu,
höre ich: alles wie durch Watte,
rieche ich: Plätzchenduft,
spüre ich: Schneeflocken im Gesicht,
schmecke ich: heiße Maronen.

Und du?

1. Lies das Gedicht auf Seite 98.

2. Welche Jahreszeit magst du am liebsten?

3. Was kann man in den Jahreszeiten noch wahrnehmen?
Dichte selbst ein Jahreszeitengedicht.
Mache ich im Frühling die Augen zu,
höre ich: … ,
rieche ich: … ,
spüre ich: … ,
schmecke ich: … .
…

4. Stellt euch eure Gedichte vor.

5. Welche Monate gehören zur welcher Jahreszeit?
März, April, Mai – Dezember, Januar, Februar –
September, Oktober, November – Juni, Juli, August

Frühling: … Sommer: … Herbst: … Winter: …

6. Welche Gedichte, Musik oder Filme zu den Jahreszeiten kennt ihr? Erzählt davon.

► Lern-Werkstatt: Seite 153

Die Stare sind da

Siegfried von Vegesack

Noch bläst der Wind von Norden her,
von Grönland und vom Weißen Meer,
die Wolken gehen tief und schwer
voll Schnee –
soso!

Doch plötzlich sind die Stare da,
die schwatzen, lachen laut: Haha,
der Frühling kommt! Er ist ganz nah!
Hehe! Hurra!
Hoho!

Die Stare sind bestimmt nicht dumm,
sie sind vergnügt und voll Gesumm,
sie wissen ganz genau, warum!
Der Wind dreht um!
Sei froh!

Und kommt der Wind von Süden her,
von Afrika, vom blauen Meer,
dann ist das Leben nicht mehr schwer –
es sei denn für den weißen Bär
im Zoo.

▶ Lern-Werkstatt: Seite 153

Zugvögel

Manche Vögel bleiben im Winter bei uns, wie zum Beispiel die Spatzen. Anderen Vögeln ist es dann aber hier zu kalt. Sie ziehen im Herbst in wärmere Länder und kommen erst im Frühjahr wieder zurück. Solche Vögel nennt man Zugvögel. Die Stare kommen zum Beispiel im Frühjahr aus dem Süden zu uns zurück und haben dann eine weite Reise hinter sich. Wenn es bei uns wärmer wird, bauen sie sich ihre Nester in Baumhöhlen. Darin brüten sie ihre Jungen aus. Die Menschen erfreuen sich am Gezwitscher und an den vielen Vogelstimmen, die sie im Frühjahr hören können.

Frühling suacha

Sieglinde Ostermeier

I mecht an Frühling aufwecka.
Dea duad se verstecka.
Wo hod dea sei Versteck?
Do hint beim Schupfa-Eck.

Do is aba gor koana.
Gwieß im Gartn, daad i moana.
Koa Frühling weid und breid.
Hinta da Schaukl suach amoi gscheid.

I ko den Frühling hoid ned seng.
Is mid eahm denn gor wos gscheng?
Ja, wo is dea Frühling, wo?
Dean ma singa, na kimd a scho:
Frühling, komm schnej raus,
aus deim koidn Wintahaus,
mia gfrein uns do scho drauf,
wach auf, wach auf, wach auf!

Schauds amoi alle her,
i glaab, do is doch wer!
I moan, dass do a Schlüsslbleame vüralacht.
Hurra, da Frühling, der is aufgewacht!

(1) Einer liest das Gedicht vor, andere spielen dazu.

(2) Woran hast du bemerkt, dass es Frühling wird?

- Über Lesefähigkeiten verfügen
- Leseeindrücke in künstlerische Ausdrucksformen umsetzen

▶ Theater-Werkstatt: Seite 175

Ostern

Ursula Schwarz

Ostern wird immer im Frühling an einem Sonntag gefeiert. Es gibt eine Regel für den Ostertag: Das Osterfest ist am ersten Sonntag nach dem Vollmond nach dem Frühlingsanfang. Und Frühlingsanfang ist am 20. oder 21. März. Christen feiern zu Ostern die Auferstehung von Jesus Christus. Ganz wichtig für Ostern sind das Osterei und der Osterhase. Ostereier sind in vielen Ländern ein Zeichen für neues Leben, weil aus Eiern ja neues Leben entsteht. Vor Ostern werden die Eier bunt angemalt. Kinder bauen Osternester für die bunten Eier. Am Ostermorgen suchen sie diese Eier. Niemand weiß genau, woher der Osterhase kommt. Jedenfalls kann man im Frühling auf dem Lande oft Hasen beobachten, wie sie über die Felder hoppeln. Für das Osterfest wird auch gebacken. Da gibt es Osterzöpfe und Osterlämmer aus Hefeteig. Ostern ist ein frohes Fest. „Frohe Ostern!“, rufen die Menschen sich gegenseitig zu, wenn sie sich am Ostertag begegnen.

(1) Was habt ihr aus diesem Text behalten? Besprecht, was ihr nicht verstanden habt.

(2) Erzählt, wie ihr bei euch zu Hause Ostern feiert.

Löwenzähne

Philipp Günther

Auf der Sommerwiese blüht ↗
Kopf an Kopf ↗ der Löwenzahn. ||
Weißt du, ↗ wie die gelbe Blume ↗
zu dem schönen Namen kam? ↗

Auf dem Stiel ↗ das Blütenhaupt:
goldne Löwenmähne. ||
Grün die Blätter, ↗ scharf gezackt: ↗
spitze Löwenzähne. ||

Barfuß durch die Wiese gehn ↗
und durch Löwenzähne tappen. ||
Doch pass auf, ↗ dass sie dir nicht ↗
nach den Zehen schnappen! ||

Löwenzahn – Pusteblume

Der Löwenzahn hat seinen Namen von den gezackten Blättern, die wie Zähne aussehen. Und weil sein Blütenkopf so schön gelb ist, erinnert er an die Mähne eines Löwen. Wenn die Blüte verblüht ist, bildet jede von ihnen weiße Schirmchen. An ihnen hängen die schwarzen Samenkörner. Der Wind pustet die kleinen Schirmchen weg. Sie fliegen weit über die Wiese. Und im nächsten Jahr werden daraus neue Löwenzahnpflanzen.

- Texte rhythmisch lesen
- Verschiedenartige Texte zu einem Thema lesen

► Lern-Werkstatt: Seite 150

Sommerregen, Sommersonne

Barbara Rhenius

Im Sommer, wenn es regnet,
Was für ein schönes Wetter!
Dann tropft es in das Fass.
Die Sonne scheint so heiß.
Und unsre ganze Straße
Wird überall ganz nass.
Ich gehe gleich zum Kiosk
Und kaufe mir ein Eis.

Im Sommer, wenn es regnet,
Die Sonne scheint vom Himmel,
Wir gehen aus dem Haus.
Da bleiben wir zu Haus.
Wir wollen barfuß laufen
Und lachen aus der Stube
Das schlechte Wetter aus.
Und ziehn die Strümpfe aus.

(1) Lies dir die beiden Strophen leise durch.

(2) Lest das Gedicht über die Sommersonne vor und dann das Gedicht über den Sommerregen.

(3) Suche dir eines der beiden Gedichte aus und schreibe es auf.
Du kannst auch ein Bild dazu malen.

▶ Gedichte-Werkstatt: Seite 167

Eine Sommerüberraschung

KNISTER

An einem heißen Sommertag gehen Ulrike und Ulli mit ihren Eltern ins Schwimmbad. „Mir ist es hier in der Sonne zu warm“, sagt Mutter. „Dort, unter dem Baum, im Schatten, da ist es kühler.“ Mutter und Vater legen sich in den kühlen Schatten. „Ich geh lieber schwimmen“, ruft Ulrike. „Gute Idee!“, sagt Vater. „Da komm ich gleich mit.“ Vater, Ulrike und Ulli gehen ins Wasser. „Brrr, ist das kalt!“, ruft Ulli. Sie spielen und planschen. Als sie aus dem Wasser kommen, spritzen sie Mutter nass. Dann spielen sie zusammen Fangen. Der Nachmittag ist schnell vorbei. „Trocknet euch bitte gut ab“, sagt Vater, „sonst erkältet ihr euch. Wir müssen jetzt nach Hause gehen.“ „Die Haare können wir doch von der Sonne trocknen lassen!“, ruft Ulli. „Nein, die Haare werden abgetrocknet. Und vergesst nicht, die nassen Badehosen auszuziehen!“, bestimmt Vater. Ulli und Ulrike ziehen sich um. Alle gehen nach Hause. Auf dem Heimweg fängt es plötzlich an zu regnen. Es regnet so heftig, dass alle Kleider ganz nass werden. Endlich sind alle zu Hause angekommen. Ihre Haare tropfen vor Nässe. Ulrike lacht und sagt: „Da hätten wir ja gleich die nassen Sachen anbehalten können.“ „Und die Haare hätten wir auch nicht abzutrocknen brauchen“, sagt Ulli. Er schüttelt lachend seinen Kopf, dass die Wassertropfen durch die Wohnung spritzen.

Regenschirme

Vera Ferra-Mikura

Wenn die ersten Tropfen fallen,
lustig auf das Pflaster knallen,
blühen sie wie Blumen auf.

Bunt gestreifte, bunt gefleckte,
bunt getupfte, bunt gescheckte
nehmen fröhlich ihren Lauf.

Seit die ersten Tropfen fielen,
schweben sie auf dünnen Stielen,
leuchtend, schimmernd, rund und glatt.

Bunt gestreifte, bunt gefleckte,
bunt getupfte, bunt gescheckte
Schirme blühen in der Stadt.

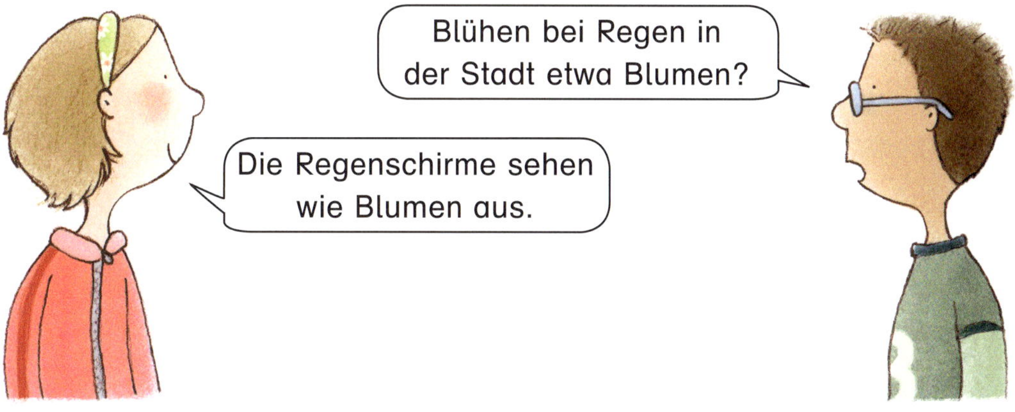

(1) Schreibe das Gedicht auf ein schönes weißes Blatt und male Kinder mit bunten Regenschirmen dazu.

- Texte erschließen
- Texte rhythmisch lesen
- Gestalterisch mit Texten umgehen

▶ Lern-Werkstatt: Seite 153

Der Herbst steht auf der Leiter

Peter Hacks

Der Herbst steht auf der Leiter
Und malt die Blätter an,
Ein lustiger Waldarbeiter,
Ein froher Malersmann.

Er kleckst und pinselt fleißig
Auf jedes Blattgewächs,
Und kommt ein frecher Zeisig,
Schwupp, kriegt der auch nen Klecks.

Die Tanne spricht zum Herbste:
Das ist ja fürchterlich,
Die andern Bäume färbste,
Was färbste nicht mal mich?

Die Blätter flattern munter
Und finden sich so schön.
Sie werden immer bunter.
Am Ende falln sie runter.

- Wörter klären
- Texte rhythmisch lesen

► Lern-Werkstatt: Seite 153

Nebel

Ernst Kreidolf

Ich stehe am Fenster und schaue hinaus.
Seht doch: Verschwunden ist Nachbars Haus.
Sagt: Wo die Straße, wo der Weg,
wo sind die Häuser, wo der Steg?
Der Nebel bleibt hängen, hält alles versteckt,
hat Straßen und Häuser ganz zugedeckt.

Wie Nebel entsteht

Manchmal kannst du es selbst sehen:
Du atmest die Luft aus,
und wenn es draußen kalt ist,
bildet sich eine kleine Nebelwolke vor deinem Mund.
Das ist Wasserdampf, der bei Kälte entsteht.
So ist es auch mit dem Nebel.
Wenn du an einem kalten Herbsttag
an einem Fluss vorbeikommst,
dann siehst du eine weiße Nebeldecke darüber liegen.
Dieser Nebel kann sich über das ganze Land ausbreiten.
Manchmal kannst du die Hand vor den Augen
nicht mehr sehen, so dicht ist der Nebel.
Doch wenn es dann wärmer wird,
geht der Nebel meistens wieder weg.

Spiellied vom heiligen Martin

Text: Rolf Krenzer

Melodie: Hans-Werner Clasen

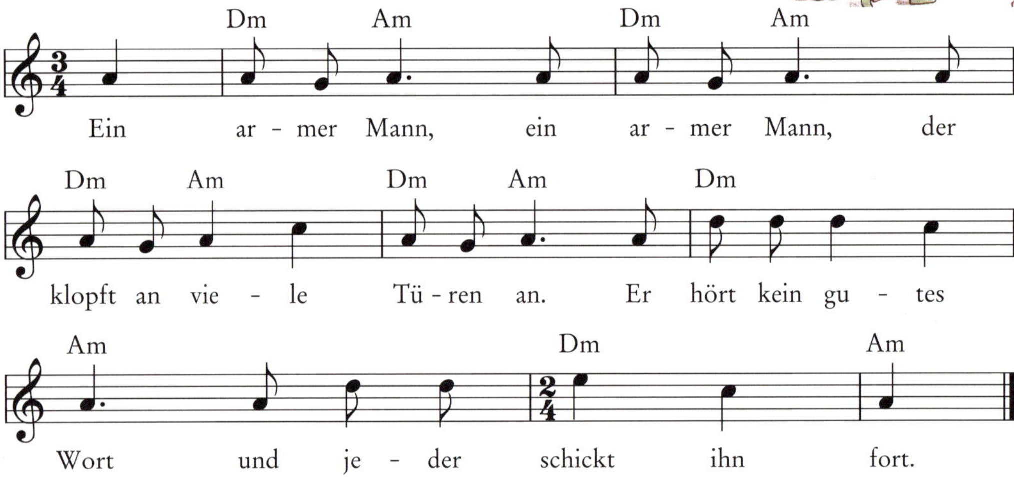

2.
Ihm ist so kalt. Er friert so sehr.
Wo kriegt er etwas Warmes her?
Er hört kein gutes Wort
und jeder schickt ihn fort.

3.
Der Hunger tut dem Mann so weh,
und müde stapft er durch den Schnee.
Er hört kein gutes Wort
und jeder schickt ihn fort.

4.
Da kommt daher ein Reitersmann,
der hält sogleich sein Pferd hier an.
Er sieht den Mann im Schnee
und fragt: „Was tut dir weh?“

5.
Er teilt den Mantel und das Brot
und hilft dem Mann in seiner Not,
so gut er helfen kann.
Sankt Martin heißt der Mann.

6.
Zum Martinstag steckt jedermann
die leuchtenden Laternen an.
Vergiss den andern nicht!
Drum brennt das kleine Licht.

Eine Nikolauslegende

Nacherzählt von Wolfgang Menzel

Den Heiligen Nikolaus hat es wirklich gegeben.
Er war Bischof in Myra, in der Türkei.
Über ihn gibt es viele Geschichten.
Solche Geschichten über Heilige nennt man Legenden.

Vor vielen hundert Jahren gab es in Myra eine große Hungersnot. Besonders die Kinder mussten darunter sehr leiden. Die Menschen hatten auch kein Gold mehr, um bei den Seefahrern etwas kaufen zu können.

Zu dieser Zeit waren einige Seeräuber im Hafen, die hätten den Menschen gern etwas zu essen gegeben. Sie wollten aber dafür die Kinder der Stadt haben, um sie auf ihren Schiffen arbeiten zu lassen.

Bischof Nikolaus wollte das aber nicht. Also holte er alle goldenen Geräte aus seiner Kirche und gab sie den Seeräubern. Dafür erhielt er für die Menschen der Stadt Getreide, sodass sie Brot backen konnten.

Auf diese Weise rettete er die Kinder von Myra. Dafür wird er noch heute als Beschützer der Kinder verehrt.

Der 6. Dezember erinnert an den Heiligen Nikolaus, der den Kindern Geschenke bringt.

▶ Lern-Werkstatt: Seite 152

Weihnacht

Josef Guggenmos

„Christkind ist da“,
sangen die Engel im Kreise
über der Krippe
immerzu.

Der Esel sagte leise
I-a
und der Ochse sein Muh.

Der Herr der Welten
ließ alles gelten.
Es dürfen auch nahen
ich und du.

Im Weihnachtsstall zu Bethlehem

KNISTER

Im Weihnachtsstall zu Bethlehem,
da war es schrecklich unbequem.

Der Wind blies rau und eisig kalt
durch jeden Tür- und Bretterspalt.

Maria, Josef und das Kind,
die zitterten im Winterwind.

Fünf Schafe kamen von dem Feld
und haben sich dazugesellt.

Schnell rückten alle dicht an dicht,
so fühlte man die Kälte nicht.

Eislichter

Eislichter sind ein schöner Winterschmuck,
den du am besten zusammen mit einem Erwachsenen herstellst.

Das brauchst du:

- 2 Gefäße: 1 kleines und 1 größeres mit gleicher Form
- kleine Zweige, Zapfen, Nüsse, Zimtstangen, Anissterne oder andere Dinge, die gut passen
- 1 Kanne mit Wasser
- 1 Teelicht

So gehst du vor:

1. Stelle das kleine Gefäß in das große.
2. Beschwere das kleine Gefäß mit einigen Steinen.
3. Gieße vorsichtig Wasser in das große Gefäß.
   Achte darauf, dass kein Wasser in das kleine Gefäß läuft.
4. Schmücke nun das Wasser mit den kleinen Zweigen, Zapfen, Nüssen oder anderen Dingen.
   – Verwende nicht zu viele Teile.
5. Stelle die Gefäße vorsichtig und gerade in ein Gefrierfach.
   Warte, bis das Wasser vollständig zu Eis gefroren ist.

Nun sollte dich ein Erwachsener unterstützen:

6. Fülle in das kleine Gefäß etwas heißes Wasser, bis es sich aus dem Eis herauslösen lässt.
7. Stelle dann das große Gefäß in ein warmes Wasserbad, bis sich das Eislicht herausheben lässt.
8. Suche draußen einen hübschen Platz für deinen Winterschmuck und stelle ein brennendes Teelicht hinein.
   In der Dunkelheit leuchtet er am schönsten.

Achtung: Eislichter schmelzen, wenn es draußen nicht kalt genug ist.

Winter

Wolfgang Menzel

Was im Winter Freude macht? ↗
Schlitten fahren, ↗ Schneeballschlacht. ||
Draußen toben, ↗ bis die Ohren ↗
und die Finger ↗ rot gefroren. ||

Mir den Schnee vom Handschuh lecken. ↗
Meine Mutter zu erschrecken ||
und ihr eine Handvoll Schnee ↗
oben in den Kragen stecken. ||

Schneemann bauen, || Schlittschuh laufen, ||
durch den Schnee spazieren gehn. ||
Und es ist besonders schön, ↗
von den riesengroßen Haufen ↗
Schnee ↗ ganz schnell hinabzurutschen ↗
auf dem Hintern ↗ oder auch ↗
– auf dem Bauch. ||

● Texte rhythmisch lesen

▶ Lern-Werkstatt: Seite 150

Winter

Nachgedichtet von der Klasse 2b der Grundschule Theley

Was im Winter Ärger macht?
Nichts als Glatteis, Schneematschschlacht.
Draußen zittern, wenn die Ohren
und die Finger steif gefroren.

Mir die Kleider nass zu machen,
dass die andern Kinder lachen,
und mit hohem Fieber dann
wochenlang das Bett bewachen.

Auszurutschen, hinzufallen,
und es tut ganz furchtbar weh,
auf dem zugefrorenen See
auf das harte Eis zu knallen.
Schuhe, Strümpfe, alles nass,
– so macht Winter keinen Spaß!

1 Ein Kind liest eine Strophe aus dem linken Gedicht. Dann liest ein anderes Kind die erste Strophe aus dem anderen Gedicht. Das eine Kind liest fröhlich und das andere liest traurig.

2 Malt Bilder zu den einzelnen Strophen und haltet sie beim Vorlesen in die Höhe.

► Gedichte-Werkstatt: Seite 167

Seltsame Wesen

Andreas Röckener: Erzählbild

(1) Stell dir vor, du gehst durch diese Gegend.
Was siehst du?

- Gespräche führen
- Eigene Vorstellungen entwickeln und beschreiben

Das Haus im Moor, eine Gruselgeschichte

Erwin Moser

Einsam steht ein Haus im Moor. Es ist Vollmond.
Leise gluckst es im Sumpf
und eine zerzauste Pappel rauscht im Wind.
Es ist kurz vor Mitternacht.
Werden sie heute wieder kommen? Wer?
Na, die Sumpfgeister, die Moorhexen,
die glotzäugigen Wassermänner, die Fledermäuse,
die Wasserwölfe, die Bisamratten, die Schilfzwerge,
die langen Schlangen, die Moorgespenster
und die Vampire.
Noch ist es still. Noch rührt sich nichts.
Vielleicht trauen sie sich heute
nicht aus ihren Schlupflöchern,
weil der Mond so hell scheint?

1 Lest euch die Geschichte gegenseitig vor. Verstellt eure Stimmen dabei so, dass sie zum Text passen.

2 Macht zu jeder Strophe Geräusche mit dem Mund oder mit Instrumenten.

3 Warum ist es um das Haus im Moor noch so still?

Der Mondscheindrache

Cornelia Funke

Philipp lag im Bett, starrte zum Fenster hinaus und zählte die Sterne. Da hörte er plötzlich ein leises Rascheln neben seinem Bett. Erschrocken lugte er über den Bettrand. Auf dem Teppich lag das Buch, in dem er vorhin gelesen hatte. Ein Buch über Drachen und Ritter. Es war aufgeschlagen, obwohl Philipp ganz sicher war, dass er es zugeklappt hatte. Seltsam.

Philipp streckte die Hand aus, um es zuzumachen. Da raschelte es wieder. Die weißen Seiten bewegten sich wie von einer unsichtbaren Hand umgeblättert. Philipp hörte ein leises Schnaufen. Erschrocken versteckte er sich unter der Bettdecke. Nur durch einen Spalt lugte er auf das Buch herunter. Das Schnaufen wurde lauter und ein schuppiger Schwanz kam zwischen den Seiten hervor.

Dann folgten zwei Pranken, ein silbriger Leib mit Flügeln und Zacken auf dem Rücken – und plumps, rutschte ein Drache aus dem Buch auf Philipps Teppich.

„Oje, oje, oje!“, hörte Philipp ihn jammern. „Bei meinen Schuppen, wo bin ich denn nur gelandet?“ Mit gespitzten Ohren stand er da und lauschte. Wunderschön sah er aus. Genau so, wie Philipp sich immer einen Drachen vorgestellt hatte. Nur dass der hier kaum größer war als ein Marmeladenglas.

Die Seiten des Buches bewegten sich wieder. Und jetzt hörte man plötzlich das Klappern von Hufen und das Klirren von Eisen. Der Drache zuckte zusammen. „Er kommt!“, flüsterte er entsetzt.

1 Wer kommt da wohl?

2 Stell dir vor, du bist Philipp. Was würdest du tun?

3 Erzähle oder schreibe die Geschichte weiter.

4 Stell dir vor, aus einem deiner Bücher erwacht eine Figur. Über wen freust du dich? Vor wem hast du Angst? Erzähle.

Ätze, das Tintenmonster

Ursel Scheffler

Ätze hörte Stimmen. Seine Augen glänzten gierig. Er wälzte sich aus seinem Spinnwebenbett. Mit seinen haarigen, hageren Beinen kletterte er am Heizungsrohr entlang auf die Fensterbank. Keuchend starrte er durch die staubigen Fensterscheiben.

Das Klettern hatte ihn angestrengt. Er war ausgezehrt und schwach. Der Durst quälte ihn. Draußen gingen Leute vorbei. Ganz normale Leute. „Hiiiilfe! Ich brauche Schulkinder. Schuuuulkinder!“, stöhnte er.

Seit Wochen wartete er in der Abstellkammer der Grimm-Schule, dass die Ferien zu Ende gingen. Und das hatte seinen Grund: Ätze war ein Monster. Er stammte aus der Familie der blaublütigen kotzekligen Tintensauger. Das ist eine Sorte, die vorwiegend in Schulen vorkommt. Manchmal trifft man sie auch bei alten Damen oder Dichtern. Dort eben, wo mit Tinte geschrieben wird. Denn ohne Tinte sind die Monster verloren. Sie brauchen sie so nötig wie ein Vampir Blut. Während der Schulzeit war Ätze immer fett und blaubackig. Aber in den Ferien ging es ihm dreckig. Er war kurz vor dem Verdorren! [...]

Neben ihm stand ein Skelett. Das brauchten die Lehrer für den Biologieunterricht. Es war Ätzes Lieblings-Klettergerüst.

Er liebte alles, was hässlich, grausig, schaurig, scheußlich war. „Kotzeklig“ war sein Lieblingswort.

„Durst! Ich habe Durst!“, jammerte Ätze und hielt sich die wabbeligen Bauchfalten. Am letzten Schultag hatte ihn der Hausmeister aus Versehen in dieser trockenen Kammer eingesperrt. So hatte Ätze wochenlang keinen Tropfen Tinte geschluckt. Völlig ausgetrocknet war er und kein bisschen blau. [...] Ächzend schob sich Ätze wieder in seine Hängematte aus Spinnweben. [...]

Er mochte eine Stunde geschlafen haben, da klingelte die Schulglocke. Wie elektrisiert sprang Ätze hoch. „Schule! Schule! Sie kommen!“, rief er, und alle Müdigkeit war wie weggezaubert. Er hüpfte aus seinem Spinnwebenbett und kletterte über den Tisch und Stuhl wieder auf die Fensterbank. Von dort aus beobachtete er aufgeregt, wie die Kinder in die Schule strömten. „Beeilt euch!“ Beeilt euch!“, rief Ätze. „Ich habe Durst. Tierischen Durst! Mörderischen Durst!“

1 Beschreibe das Tintenmonster.

2 Was ist Ätzes Lieblingswort? Warum?

3 Ätze hat ein großes Problem. Erkläre.

4 Wie mag die Geschichte wohl weitergehen?

Papierblumen

Otfried Preußler

Einmal bekam die kleine Hexe Lust in die Stadt zu reiten. Sie wollte sich auf dem Wochenmarkt umsehen. [...] Auf dem Wochenmarkt drängten sich schon die Hausfrauen, Dienstmädchen, Bauernweiber und die Köchinnen um die Verkaufsstände. Die Gärtnersfrauen priesen mit schriller Stimme ihr Grünzeug an, die Obsthändler riefen in einem fort: „Kaufen Sie Boskop-Äpfel und Butterbirnen!“ [...] Am lautesten ließ sich der Billige Jakob vernehmen. Er stand auf der obersten Stufe des Marktbrunnens, klopfte mit einem Hammer an seinen Bauchladen und schrie aus voller Kehle: „Kauft, Leute, kauft! Heute ist´s billig bei mir! Heute habe ich meinen Spendiertag, da gebe ich alles zum halben Preis her! Schnürsenkel, Schnupftabak, Hosenträger! Rasierklingen, Zahnbürsten, Haarspangen! [...]“

Die kleine Hexe freute sich über den Trubel. Hierhin und dorthin ließ sie sich von der Menge treiben. Sie kostete da von den Butterbirnen und dort aus dem Krautfass. [...] Ganz hinten, im allerentlegensten Winkel des Marktes, stand stumm und traurig ein blasses Mädchen mit einem Korb voll Papierblumen. Achtlos eilten die Leute daran vorüber, niemand kaufte dem schüchternen Ding etwas ab.

Die kleine Hexe bahnte sich einen Weg durch die Menge. Sie fragte das Mädchen: „Kannst du die Blumen nicht loswerden?“ „Ach“, sprach das Mädchen, „wer kauft schon im Sommer Papierblumen? Mutter wird wieder weinen. Wenn ich am Abend kein Geld bringe, kann sie kein Brot für uns kaufen. Ich habe noch sieben Geschwister. Und Vater ist vorigen Winter gestorben. Nun machen wir solche Papierblumen. Aber es mag sie ja niemand.“

Mitleidig hatte die kleine Hexe dem Mädchen zugehört. Einen Augenblick überlegte sie, wie sie ihm helfen könnte. Dann kam ihr ein Gedanke. Sie sagte: „Ich kann nicht verstehen, weshalb dir die Leute die Blumen nicht abkaufen wollen. Sie duften doch!“ Ungläubig blickte das Mädchen auf.

[...]

1. Was ist auf dem Marktplatz alles los? Beschreibe.

2. Welche Sorgen hat das Mädchen mit den Papierblumen?

3. Wie hilft die kleine Hexe dem Mädchen?
Wie könnte die Geschichte jetzt weitergehen?

4. Welche Hexen aus anderen Geschichten kennt ihr?
Wie sind diese Hexen?

▶ Geschichten-Werkstatt: Seite 161

So sind die Olchis

Erhard Dietl

Olchis mögen keine Schokolade.
Und auch kein Eis und keine Bonbons.
Sie mögen keinen Pudding und keine Spaghettis.
Sie mögen überhaupt nichts von den Sachen,
die uns gut schmecken.
Olchis mögen viel lieber scharfe Sachen,
und Fauliges und Bitteres.
Sie kauen gern alte Gummireifen,
knabbern an verrosteten Blechbüchsen
und pudern sich mit einer Dose Pfeffer!
Ihre scharfen Zähne knacken Glas und Metall.
Wenn etwas stinkt, dann sagen sie:
„Mmm! Riecht das aber olchig!“
Sie atmen dann tief ein, so wie wir,
wenn es nach frischem Gras und Bäumen duftet.

Olchis wühlen gern in Müllbergen.
Sie holen sich leckere Sachen aus dem Müll.
Und sie freuen sich,
wenn sie etwas finden,
das schön stinkig, grindig
und vergammelt ist.
Zum Beispiel eine uralte Flasche
mit einem Rest Haarschampoo.
Das trinken sie besonders gern.

(1) Was ist bei den Olchis anders als bei den Menschen?

(2) Überlegt: Wie mag es bei den Olchis zugehen,
wenn sie spielen, streiten, lernen, verreisen, …?

Ideenkiste

Kochrezepte – nur für die Olchis

Reifen-Rost-Suppe

Zutaten:
- ein halber Autoreifen
- 200 Gramm rostige Nägel
- ein halber Liter Tuschwasser

Zubereitung:
1. Den Autoreifen in kleine Stücke schneiden.
2. Die Stücke in einen Topf geben und das Wasser hineingießen. Alles 10 Minuten kochen lassen.
3. Die rostigen Nägel dazugeben und gut umrühren.

1 Schreibe auch so ein Kochrezept für die Olchis.
Die Wörter helfen dir.
Du kannst aber auch ganz andere Wörter benutzen.

Wörter für Zutaten:
- Essig
- Sägespäne
- Mülltüte

Wörter für die Zubereitung:
- backen
- mixen
- kochen

2 Was kann man wohl in einem Olchi-Restaurant bestellen?

Bei uns und anderswo

Bayern hat viele Seiten

1 Welche bayerischen Orte oder Bräuche erkennst du auf den Fotos?

2 Was würdest du gern einmal ansehen? Begründe.

3 Welche Orte oder Bräuche aus Bayern würdest du noch in das Puzzle einfügen?

- Visualisierungen ordnen
- Vorwissen nutzen
- Eigene Wünsche äußern

Tierpark Hellabrunn

In der Stadt München wurde im Jahr 1911 der Tierpark Hellabrunn als einer der ersten Geo-Zoos der Welt angelegt.
Geo-Zoo bedeutet, dass man versucht, die Gehege der Tiere so zu bauen, wie ihren natürlichen Lebensraum.
Heute gibt es ungefähr 17 000 Tiere in Hellabrunn.

Schloss Neuschwanstein

Ab dem Jahr 1869 ließ König Ludwig II. das Schloss planen und erbauen.
Es sollte aussehen wie eine deutsche Burg aus dem Mittelalter.
Der König starb aber, bevor das Schloss fertiggebaut war.
Heute besuchen jedes Jahr etwa eine Million Besucher das besondere Schloss und seine schöne Umgebung.

Teufelshöhle Pottenstein

Der 14 Meter hohe Höhleneingang gab der Tropfsteinhöhle ihren Namen.
Sie ist die größte Höhle Oberfrankens.
Man hat viele Knochen von Tieren aus der Eiszeit in ihr gefunden.
Sogar das Skelett eines längst ausgestorbenen Höhlenbären kann man dort sehen. Heute leben tausende Fledermäuse in der 1 500 Meter langen Höhle.

Der Nationalpark Bayerischer Wald

Der ganze Wald steht unter Naturschutz. Nichts wird dort von Menschen verändert. Der Nationalpark ist Lebensraum für viele Pflanzen und Tiere. Auch Wölfe und Luchse leben hier noch. An einer Stelle im Park hat man einen Baumwipfelpfad angelegt.
An den Baumkronen entlang kann man in acht bis 25 Metern Höhe den Wald erkunden.

Wos is heit für a Dog?

Text und Melodie: überliefert

2. Wos ist heit für a Dog?
   Heit is Diensdog! Heit is Nudldog!
   Wann alle Mondog Knödldog,
   Diensdog Nudldog wäre,
   waar'n ma lust'ge Leit!
3. Mittwoch: Strudldog
4. Donnersdog: Krautdog
5. Freidog: Fastdog
6. Samsdog: Zoidog
7. Sondog: Lumpndog

Oma Traudl

Daniela Nager

In den Herbstferien war Jonas zu Besuch bei seiner Oma Traudl. Sie lebt auf dem Land in der Nähe von München. Dort hat sie einen Bauernhof mit „Kia, Saun und Henna“, wie Oma immer sagt. Jonas lebt mit seinen Eltern in der Stadt Wertingen. Für ihn ist es spannend, wenn er bei Oma Traudl ist und ihr hilft, sich um die Tiere auf dem Hof zu kümmern. Er trifft dann auch seine Kusine Theresa, genannt Resi. Sie wohnt im selben Dorf wie Oma Traudl.

Wenn Jonas mit Resi spielt, versteht er sie manchmal nicht richtig, denn er spricht Schwäbisch und Resi Bayerisch. „Mogst de Kaibin seng?“, fragt Resi, als Jonas mit ihr über den Hof schlendert. Jonas nickt, obwohl er nicht ganz sicher ist, was sie ihn gefragt hat. Als sie im Kuhstall sind, sieht er, was Resi meint. „Isch des nedd!“, ruft Jonas und bestaunt das Kälbchen. Da ruft Oma die Beiden. „Megd’s es zwoa de Bibal fuadan?“ Ratlos sieht Jonas seine Kusine an. „Kennst du koane Bibal?“, fragt Resi kichernd. „Küken“, erklärt sie grinsend. „Du woisch au ned was a Kuudr odr a Anteler isch!“, zischt Jonas seine Kusine trotzig an. Da prusten beide los und rennen zu den flauschig gelben Küken. Dass die ganz einfach „goidig“ sind, das verstehen die Zwei ganz ohne Worte.

1 Hast du auch schon einmal erlebt, dass jemand Deutsch, aber in einem fremden Dialekt gesprochen hat? Welche Dialekte kennst du?

Sprachen

Ursula Wölfel

In den Ferien reisten die Kinder mit ihren Eltern
in ein anderes Land.
Sie wohnten dort im Zelt auf dem Campingplatz,
und den ganzen Tag spielten sie mit den Kindern
aus den anderen Zelten und den Wohnwagen.
Das waren Kinder aus Frankreich, England und Italien.
Am Anfang konnte keiner den anderen verstehen.
Wenn die Kinder aus Deutschland „Baum“ sagten,
dann sagten die Kinder aus Frankreich: „arbre“,
und die Kinder aus England sagten: „tree“,
und die Kinder aus Italien sagten: „albero“.
Manchmal konnten sich auch alle gut verstehen.
Die Kinder aus Deutschland sagten: „Ball“,
und die Kinder aus Frankreich sagten: „balle“,
und die Kinder aus England sagten: „ball“,
und die Kinder aus Italien sagten: „palla“.
Bald konnte jeder ein paar Wörter aus den anderen Sprachen.
Dann waren die Ferien zu Ende und die Kinder
fuhren wieder nach Hause.
Unterwegs fragten sie ihre Eltern:
„WARUM SPRECHEN DIE MENSCHEN
VERSCHIEDENE SPRACHEN?“
„Weil sie in verschiedenen Gegenden oder Ländern wohnen“,
sagte der Vater.

1. Male einen Baum und schreibe daneben, wie ihn die Kinder in Frankreich, in England und in Italien nennen.

2. Suche dir selbst einen Gegenstand aus und finde heraus, wie er in anderen Ländern heißt.

Beş Taş (man spricht: Besch Tasch)

Kennt ihr das Spiel Beş Taş?
Beş ist das türkische Wort für fünf
und Taş heißt auf Deutsch Steine.
Kinder und Erwachsene spielen dieses Spiel
vor allem in der Türkei,
aber es ist auch in Italien und Tunesien bekannt.
Beş Taş kann man ganz leicht lernen.

Anzahl der Spieler: zwei oder mehr
Zubehör: – fünf kleine runde Steine oder Murmeln je Spieler,
– ein Wurfsteinchen

So wird gespielt:
Vor jedem Spieler liegen die fünf kleinen Steine
auf dem Boden.
Das Wurfsteinchen hält der erste Spieler in der Hand.
Man wirft das Wurfsteinchen hoch,
hebt schnell einen Stein vom Boden auf
und fängt das Wurfsteinchen wieder auf,
bevor es zu Boden fällt.
Beim nächsten Wurf muss man
zwei Steine aufheben, dann drei und so weiter.
Der nächste Spieler ist an der Reihe,
wenn man die geforderte Anzahl der Steine nicht aufhebt
oder das hochgeworfene Wurfsteinchen nicht gefangen wird.
Wer alle seine Steine vom Boden aufgehoben hat, gewinnt.

Weitere Spielvarianten:
- Der Abstand zwischen den Steinen auf dem Boden wird vergrößert.
- Es werden mehr Steine auf den Boden gelegt.
- Man muss das Wurfsteinchen mit dem Handrücken fangen.

Ferien in Italien

Cornelia Funke

„Was hast du da für einen Zettel?“, fragte Mama, als sie abends auf dem Hotelbalkon saßen. „Rosettas Adresse“, sagte Jule und strich den Zettel glatt. „Ich hab ihr meine auch aufgeschrieben. Rosetta ist nämlich weg.“ „Rosetta? War das das italienische Mädchen am Strand?“, fragte Papa. „Wie willst du der denn schreiben? Und woher weißt du, dass sie weg ist?“ Jule zuckte die Achseln. „Hat sie mir gesagt.“ Ihre Eltern guckten sich an.

„Ach ja, wie habt ihr euch denn unterhalten?“, fragte Papa spöttisch. „Auf Englisch?“ „Blödsinn.“ Jule sah ihn ärgerlich an. „Rosetta hat Italienisch geredet und ich Deutsch. Italienisch kitzelt im Bauch, wenn man zuhört. Habt ihr das schon mal gemerkt?“ Hatten sie nicht.

Als Jule nach Hause kam, steckte schon eine Postkarte von Rosetta im Briefkasten. Vorne drauf war Venedig und auf die Rückseite hatte Rosetta ein Herz aus Muscheln gezeichnet. Das hatte sie ziemlich gut hingekriegt, fand Jule. Sie schickte Rosetta die allerallerschönste Karte, die sie von Hamburg finden konnte.

Auf die Rückseite schrieb sie: „*Tanti saluti* von Jule“, das hatte sie in Papas Reisewörterbuch nachgeguckt. Darunter zeichnete sie ihr Meerschwein, aber das kriegte sie nicht halb so gut hin wie Rosetta die Muscheln. Also guckte sie noch mal ins Wörterbuch und schrieb *porcellino* drunter – vorsichtshalber.

1. Wie heißt das deutsche Mädchen und wie heißt das italienische Mädchen?

2. Die beiden Mädchen sprechen nicht die gleiche Sprache. Wie unterhalten sie sich?

3. Versuche, von einem anderen Kind ohne Worte etwas zu bekommen.

   Darf ich deinen Radiergummi benutzen?
   Gibst du mir ein Stück von deinem Keks?
   ...

Sommerferien bei den Großeltern

Martin Nader

Endlich sind Sommerferien. Metin ist schon ganz aufgeregt. Er fliegt mit seiner Familie für sechs Wochen in die Türkei.

Sie wollen Metins Großeltern besuchen. Die Großeltern leben am Meer. Dort kann man super buddeln und Sandburgen bauen. Die meisten von Metins Verwandten leben in der Türkei. Sie sprechen alle Türkisch und können nur ein paar Wörter auf Deutsch sagen. Metin ist das egal. Zu Hause spricht er mit seiner Mutter auch nur Türkisch. Auf das Wiedersehen mit seinem Großvater freut Metin sich schon ganz besonders.

Dann ist es endlich so weit! Metin und sein Großvater begrüßen sich. „Merhaba Metin!“, sagt der Opa. „Merhaba Dede!“, antwortet Metin. Natürlich will der Großvater erst einmal wissen, wie es Metin geht: „Nasılsın Metin?“ Metin geht es gut und er antwortet: „Iliyim!“ Jetzt will Metin aber schnell an den Strand. Ob man hier wohl baden darf? Sofort fragt er seinen Großvater: „Burada suya girili mi?“ „Evet!“, antwortet der Großvater und Metin lacht vor Freude. Er nimmt Anlauf und zählt: „Bir, iki, üç!“ Dann rennt er ins Wasser.

1. Lasst euch den Text zuerst einmal vorlesen.
2. Findet heraus, was die türkischen Wörter und Sätze auf Deutsch bedeuten.

Ideenkiste

Urlaubspost

Liebe Tante Sandy,

heute habe ich eine Bootsfahrt auf dem Königssee gemacht. Wenn man laut ruft, hört man sein Echo, das von einer Felswand wiederhallt.
Es war ganz toll!
Liebe Grüße Marie

Merhaba!

Ich bin in der Türkei. Heute habe ich im Meer gebadet.
Das Wasser ist warm.
Ich habe eine Burg gebaut.

Bis bald! Güle, güle!
Metin

1 Warst du schon einmal in einer anderen Stadt oder in einem anderen Land?

2 Schreibe einen Brief oder eine Postkarte an deine Klasse.

Lesekreisel

1 In der Lesezirkuswelt gibt es viel zu entdecken. Erzähle.

2 In dem Wort LESEZIRKUSWELT verstecken sich viele andere Wörter. Das Bild hilft dir, zehn dieser Wörter zu finden.

3 Finde noch mehr Wörter. Schreibe sie auf.

- Bilder genau betrachten
- Wörter finden

Mit Lauten und Buchstaben zaubern

1. Zauberer Zimbo braucht die Geheimwörter,
um seine Zauberkisten zu öffnen.
Leider ist er sehr vergesslich.
Hilf ihm, die Geheimwörter zu finden.

2. Schreibe die Geheimwörter auf.
Was haben sie gemeinsam?

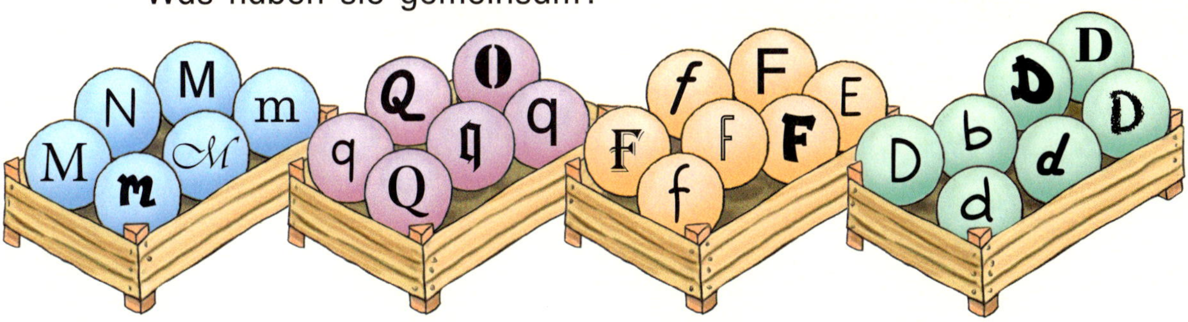

3. Clown Beppo sortiert die Bälle für seinen Auftritt.
In jeder Kiste liegt ein falscher Ball.
Aus den Buchstaben der falschen Bälle
kannst du ein Lösungswort bilden: O...

Leseteppiche

Die Zwillinge Aladini und Tobalini wollen die Leseteppiche fliegen lassen. Das gelingt ihnen, wenn sie alle Silben und alle kurzen Wörter gut lesen können.

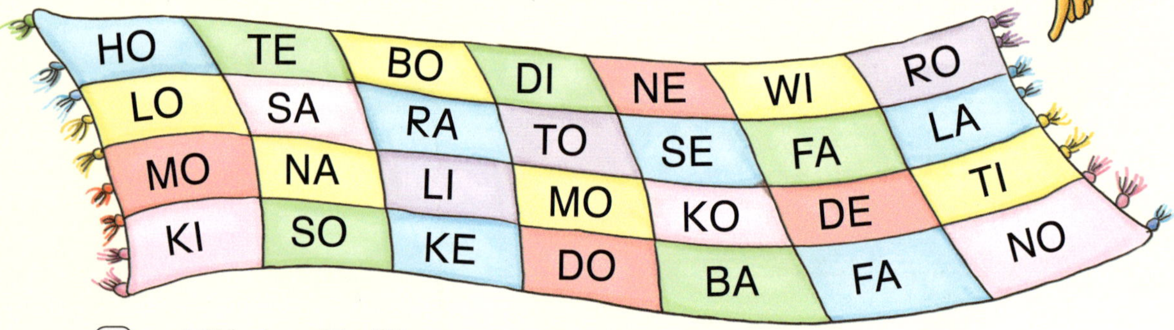

1. Hilf den Zwillingen.
   Lies die Silben erst langsam und genau.
   Versuche dann, immer schneller zu werden.

2. Setze die Silben zu Nomen zusammen.
   Schreibe sie auf: Rose, ...

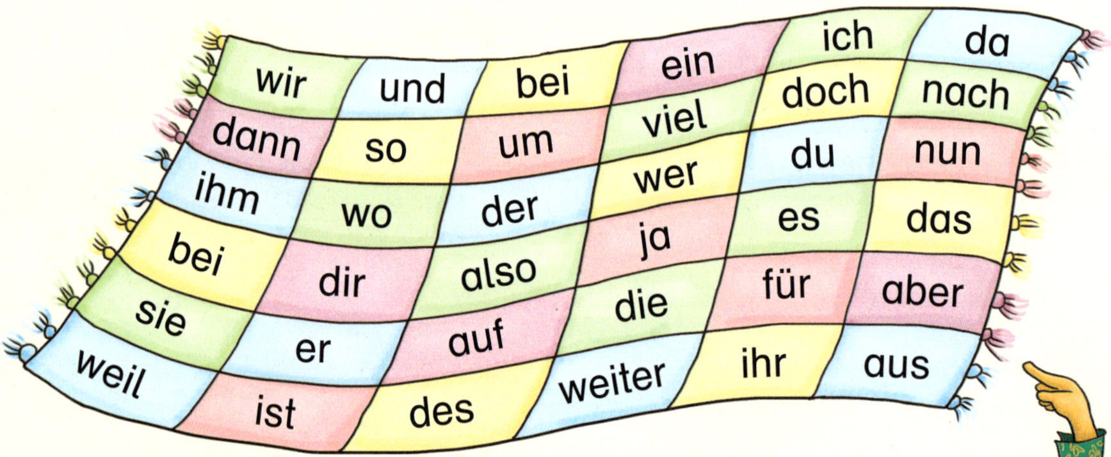

3. Lies jetzt die kurzen Wörter erst langsam und genau.
   Versuche dann immer schneller zu werden.

4. Bilde Sätze mit den Wörtern aus Aufgabe 2 und 3.
   Schreibe sie auf.

- Häufige Buchstabenverbindungen und Wortteile erfassen
- Sinnerfassung von Wörtern trainieren

Wortakrobatik 1

Zirkusdirektor Leo Leseratti hat sich eine Liste geschrieben, was bis zur Vorstellung noch alles erledigt werden muss. Doch Tochter Leonie hat in der Mittagspause mit ihrem Eis gekleckert.

1 Hilf Leo beim Lesen seiner Notizen.

Zauberer Zimbo hat den Besen von Tierpfleger Erik in eine gefräßige Wörterschlange verzaubert.

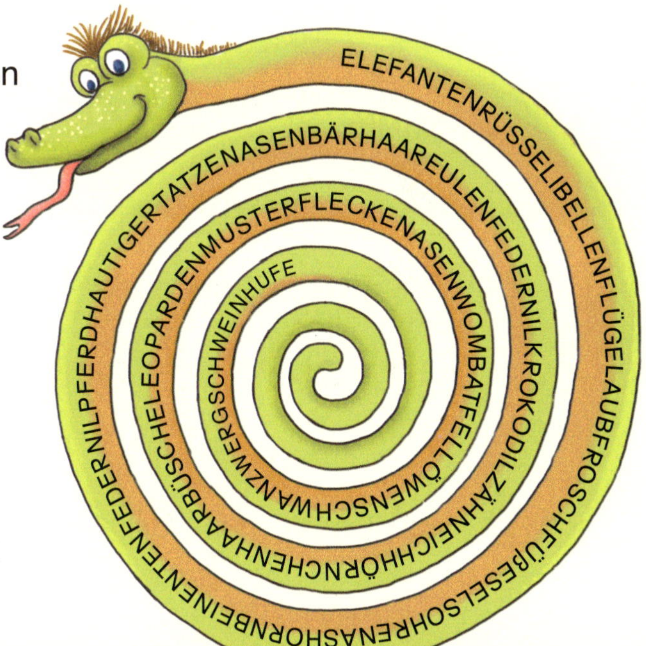

2 Hilf Erik herauszufinden, was die Wörterschlange gefressen hat.

3 Schreibe alle Dinge auf.

4 Erfinde selbst eine Wörterschlange.

Wortakrobatik 2

Zirkus
Zirkuszelt
Zirkuszeltfahnen
Zirkuszeltfahnenstange

Seil
Seiltänzer
Seiltänzerkunst
Seiltänzerkunststück

Tanz
Tanzakrobaten
Tanzakrobatenflug
Tanzakrobatenflugschau

Trampolin
Trampolinsalto
Trampolinsaltosprung
Trampolinsaltosprungwettbewerb

1. a. Zirkusdirektor Leo Leseratti übt für seine Ansage.
   Hilf ihm dabei.
   Lies die Wörter erst von oben nach unten.
   b. Versuche dann, nur das unterste Wort zu lesen.

Clown Beppo arbeitet an einem Fotoalbum der Zirkusfamilie.
Doch es ist alles durcheinander geraten.

Die Musiker üben.

Erik schmückt die Pferde.

Die Seiltänzer wärmen sich auf.

Clown Beppo fotografiert alles.

Zauberer Zimbo zaubert Hasen aus dem Hut.

2. Hilf Beppo: Lies die Sätze.
   Ordne jedem Satz das passende Bild zu.

3. Welches Bild bleibt übrig?
   Schreibe für Beppo einen Satz dazu.

Zauberhaft lange Sätze lesen

Seiltänzerin Susi
Seiltänzerin Susi sucht.
Seiltänzerin Susi sucht etwas Hübsches.
Seiltänzerin Susi sucht etwas Hübsches zum Anziehen.

Tierpfleger Erik
Tierpfleger Erik putzt.
Tierpfleger Erik putzt sich die Nase.
Tierpfleger Erik putzt sich die Nase, weil sie kribbelt.

Zauberer Zimbo
Zauberer Zimbo lacht laut.
Zauberer Zimbo lacht laut über Clown Beppo.
Zauberer Zimbo lacht laut über Clown Beppo, der einen Witz erzählt.

1 Zirkusdirektor Leo Leseratti übt weiter. Hilf ihm dabei.
Lies die langen Sätze von oben nach unten.
Versuche dann, die Sätze von unten nach oben zu lesen.

Zauberer Zimbo ist aufgeregt, weil seine Zaubersätze nicht funktionieren.
Bei jedem Zaubersatz passt ein Wort nicht.

Der weiße Hase verwandelt sich Elefant in einen Vogel.
Die schnelle Maus springen wird ein grüner Frosch.
Seiltänzerin Susi tanzt mit groß einem bunten Regenschirm.
Der freche Clown Beppo helfen wird mein Diener sein.
Reiterin Rabena reitet Zimbo mit mir aus der Manege.

2 Finde in jedem Satz das falsche Wort.

3 Lies die Sätze nun mit passender Betonung:
laut, leise, geheimnisvoll, ...

Textknobeleien

Mikrofon-Test

Leo Leseratti testet in der Manege
das Mikrofon und die Lautsprecher:

####TEST!####TEST!####HALLO?#####1,2,3########
##KANN###MICH#####JEMAND####HÖREN?#######
####MUSIKER,#########HABT######IHR#####DIE##
INSTRUMENTE######SCHON####GEPUTZT?#######
SUSI####HAST####DU########DAS#####NEUE#####
KUNSTSTÜCK######SCHON####AUSPROBIERT?####
####BEPPO,####HAST####DU###AUCH###GENUG###
LUFTBALLONS#####DABEI?####LEONIE,####HAST##
####DU####DEINE####EISFLECKEN####WIEDER####
WEGGEWISCHT?####TEST!#####TEST!###KÖNNT###
IHR####MICH######HÖREN?#####TEST!###1,2,3####

(1) Was spricht Leo Leseratti in das Mikrofon?
Lies genau.

(2) Vergleiche Leos Testsätze mit den Bildern.
Was antwortest du auf Leos Fragen?
Denkt euch eigene Antworten aus.

(3) Spielt die Testsituation nach.
Denkt dabei an die richtige Betonung der Sätze.

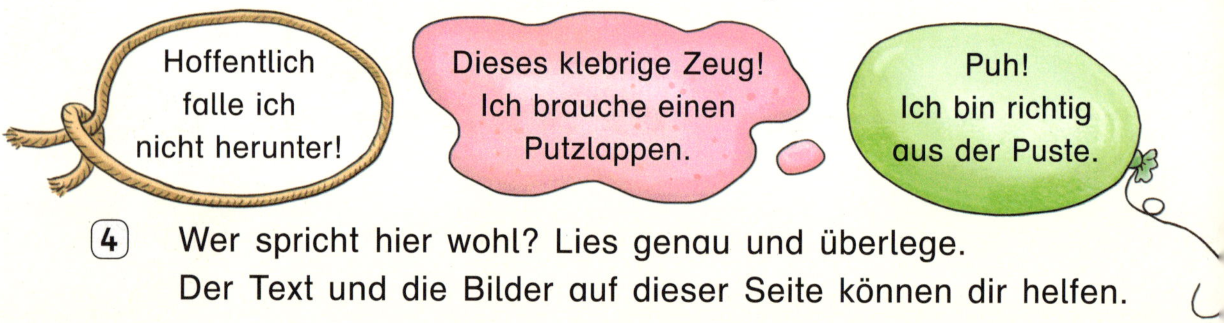

(4) Wer spricht hier wohl? Lies genau und überlege.
Der Text und die Bilder auf dieser Seite können dir helfen.

- Sinnerfassung von Sätzen trainieren
- Text und Bildinformationen vergleichen

Die Vorstellung beginnt – Manege frei!

Das Hochseil ist gespannt,
alle Zuschauer warten gebannt:
Was wird hier wohl passieren,
mit Menschen und auch Tieren?
Leseratti begrüßt das Publikum
und Zimbo dreht dreimal den Zauberstab um.
Da hüpfen die Hasen,
da traben die Pferde
und Susi blickt verkehrt herum auf die Erde.
Die Zwillinge lassen die Teppiche schweben
und Leonie will den Kindern die Luftballons geben.
Clown Beppo erheitert alle mit Witzen,
Rabena fängt auf dem Pferd an zu schwitzen.
Alle bekommen am Ende Applaus,
sogar Zauberer Zimbos grüne Maus.

1. Lies das Gedicht vor.
2. Was ist im Gedicht anders als auf dem Bild? Vergleiche.
3. Denke dir selbst Zirkusgeschichten aus. Erzähle, male oder schreibe.

- Lesegenauigkeit trainieren
- Text und Bildinformationen vergleichen

Lern-Werkstatt

Texte verstehen

Texte verstehen

1. Ich lese zuerst die Überschrift
und schaue mir die Bilder an:
Was weiß ich schon alles zu diesem Thema?
2. Was möchte ich noch wissen?
Ich mache mir Notizen.
3. Ich lese mir die Fragen zum Text durch.
4. Jetzt lese ich den Text leise für mich.
5. Was habe ich nicht verstanden?
Ich kann ein anderes Kind
oder einen Erwachsenen fragen.
6. Ich lese den Text noch einmal.
7. Nun bearbeite ich die Aufgaben zum Text.

(1) Probiere das mit dem Text auf der nächsten Seite aus.
Die Überschrift heißt *Besuch beim Tierarzt*.
Schau dir auch das Bild an.
Was weißt du schon? Was erwartest du?

► Tiere: Seite 32–33
► In der Natur: Seite 56–57
► Häuser und Türme: Seite 76–77

Besuch beim Tierarzt

Martin Nader

Fedor hat zum Geburtstag einen Kater bekommen. Er heißt Schnucki und ist zwölf Wochen alt. Heute muss Fedor mit Schnucki zum Tierarzt. Dort bekommt sein kleiner Kater drei Impfungen. Zwei von Schnuckis Impfungen müssen heute nur aufgefrischt werden: Schon vor vier Wochen wurde er gegen Katzenschnupfen und Katzenseuche geimpft. Der Tierarzt impft Schnucki heute auch gegen Tollwut. Alle Impfungen trägt er in den Impfpass ein.

2 Lies den Text.
Gibt es etwas, das du nicht verstehst?
Erklärt es euch gegenseitig.

3 Erkläre die unterstrichenen Wörter.

4 Beantworte die Fragen:
a. Wie alt ist der Kater und wem gehört er?
b. Was passiert beim Tierarzt?
c. Wie alt war Schnucki,
als er seine erste Impfung bekam?

5 Finde eigene Fragen zum Text. Schreibe sie auf.

Sich Notizen machen

Unbekannte Wörter aufschreiben

1. Ich lese den Text.
2. Ich schreibe alle Wörter auf, die ich nicht verstehe.
3. Damit ich die Wörter gut wiederfinden kann, schreibe ich auch die Zeilen dazu auf.
4. Ich lasse mir erklären, was die Wörter bedeuten. Ich kann auch in einem Lexikon nachschlagen.

(1) Probiere das mit dem Text *Ninas Familienausflug* aus.

Ninas Familienausflug

Nadine Scheer

Am letzten Sonntag hat die ganze Familie einen Ausflug gemacht. Einen richtigen Familienausflug mit Picknick und leckeren Croissants!

Zeile 3: Picknick

Nina und ihr Bruder Fabian hatten viel Spaß. Auch ihre Cousine Greta war mit dabei. Klaus hat die Wanderkarte gelesen. Trotzdem haben sie sich verlaufen. Klaus ist der Patenonkel von Nina. Er ist sehr nett. Vor dem Ausflug hat er für alle Kinder Wanderstöcke geschnitzt.

Als sie auf einen Berg hinaufgestiegen sind, war Ninas Mama ganz schön aus der Puste. Die Kinder hatten ein ganz schönes Tempo vorgelegt.

● Informationen sammeln
● Optische Markierungen nutzen
▶ In der Natur: Seite 58, 59, 60
▶ Häuser und Türme: Seite 76–77, 80–81

Eine Tabelle lesen

Jakobs Wochenplan

Jakob wohnt in einer anderen Stadt als sein Opa.
Beide möchten aber trotzdem oft miteinander telefonieren.
Jakob hat Opa seinen Wochenplan geschickt.
Jetzt weiß Opa, wann Jakob zu Hause ist.

Spalte ↓

Zeile →

Tageszeit	Montag	Dienstag	Mittwoch	Donnerstag	Freitag
Vormittag	Schule	Schule	Schule	Schule	Schule
Nachmittag	15.00 Uhr Bibliothek	15.45 Uhr Gitarren-unterricht	15.00 Uhr Schwimmen		14.00 Uhr Klettern
Nachmittag	16.00 Uhr Umwelt-gruppe		17.00 Uhr Computer-spielen	16.30 Uhr Kunstwerk-statt	16.00 Uhr Zimmer aufräumen

(1) Beantworte die Fragen:
  a. Wie viele Spalten hat der Wochenplan?
  b. Wie viele Zeilen hat der Wochenplan?
  c. An welchen Tagen hat Jakobs Wochenplan leere Felder?
  d. Wann können Jakob und sein Opa am besten telefonieren?

(2) Stellt euch gegenseitig Fragen zu dem Wochenplan und beantwortet sie.

(3) Wie sieht deine Woche aus?
Zeichne eine Tabelle und schreibe deinen Wochenplan.

(4) Vergleicht eure Pläne und sprecht darüber.

► Tiere: Seite 33
► Bücher, Bücher: Seite 88

In der Gruppe arbeiten

Zusammenarbeiten

1. Wir lesen den Text vor. Jeder liest einen Abschnitt. Alle lesen mit den Augen mit.
2. Wir lesen die Aufgaben in der Gruppe vor.
3. Wir erzählen uns, was wir verstanden haben und stellen uns gegenseitig Fragen zum Text.
4. Wir überlegen gemeinsam: Was ist zu tun? Wir bearbeiten die Aufgaben.
5. Am Ende tragen wir in der Klasse vor, was wir miteinander erarbeitet haben.

So gehen wir miteinander um:

- Jeder arbeitet mit.
- Wir sind freundlich zueinander.
- Wir hören uns gegenseitig zu.
- Wir sprechen darüber, wie die Arbeit in der Gruppe geklappt hat.

(1) Probiert das mit dem Text auf der nächsten Seite aus.

► Tiere: Seite 37
► In der Natur: Seite 54–55
► Häuser und Türme: Seite 78–79

Ein neues Zuhause für die Olchis

Erhard Dietl

Die Olchis sind gerade
auf einen anderen Müllplatz gezogen.
Es ist eine riesengroße, prächtige Müllhalde,
schön schmuddelig und oberolchig.
Leere Dosen glänzen da in der Sonne.
Gammelige Matratzen spiegeln sich in Schlammpfützen.
Rostige Schirmgestelle wiegen sich im Wind.
Ein herrliches Plätzchen.
Und die neue Olchi-Höhle
ist eine Wohnung mit Gebirgsblick,
mit freier Sicht auf die Müllberge.

Olchi-Papa
und die Olchi-Kinder
haben sich
vor die Höhle gesetzt
und genießen
die Aussicht.

(1) Wie sieht der Müllplatz aus?
Was sehen die Olchis? Sprecht darüber.

(2) Gestaltet ein Plakat von der Müllhalde,
auf der die Olchis jetzt wohnen.
Ihr könnt malen oder kleben.

(3) Stellt das Plakat gemeinsam vor.

► Seltsame Wesen: Seite 124–125

Vorlesen und vortragen

Einen Text mit Betonung vorlesen

1. Ich lese den Text erst einmal leise für mich.
2. Ich lese den Text halblaut vor
   und betone die unterstrichenen Wörter.

↗ Wenn der Pfeil so zeigt, bleibt die Stimme oben.
Ich darf nur eine ganz kleine Pause machen.

| || Bei einem Strich oder Doppelstrich,
darf die Stimme eine Pause machen
und sich ausruhen.

3. Wenn ich zufrieden bin,
   lese ich den Text anderen mit Betonung vor.

Die Jahreszeiten

Es war eine Mutter, ↗
die hatte vier Kinder, |
den Frühling, ↗ den Sommer, ↗
den Herbst ↗ und den Winter. ||

So trage ich vor:

- Ich stelle mich gerade hin
  und sehe meine Zuschauer immer wieder an.
- Ich spreche langsam, laut und deutlich.
- Ich betone wichtige Stellen im Text.
- Ich ändere meinen Gesichtsausdruck so,
  dass er zum Text passt.

(1) Probiere das mit den Gedichten
auf den Seiten 104, 114, 171 aus.

Ein Lesetagebuch schreiben

Zu jedem Text, den du liest,
kannst du in dein Lesetagebuch schreiben.
Der Text kann ein ganzes Buch, eine kurze Geschichte
oder ein Sachbuch sein.
Du kannst auch über ein Bilderbuch einen Eintrag schreiben.
Ein Heft mit oder ohne Linien wird dein Lesetagebuch.
Zu jedem Eintrag solltest du den Titel und den Autor aufschreiben.

Das habe ich gelesen
Titel des Buches:
Autorin oder Autor:

Im Internet kannst du nach Informationen über den Autor suchen.

Du kannst jedes Mal neu entscheiden,
was du zu dem gelesenen Text oder dem Buch
in dein Lesetagebuch aufschreiben möchtest.

Diese Fragen können dir helfen:

- Was ist dir an diesem Buch oder Text wichtig?
- Was hat dir besonders gefallen?
- Was ist besonders oder wichtig an der Hauptfigur?
- Welche Figur würdest du gern selbst sein?
- Welche Stelle im Buch findest du besonders wichtig, spannend oder lustig?
- Was möchtest du dir aus diesem Buch merken?

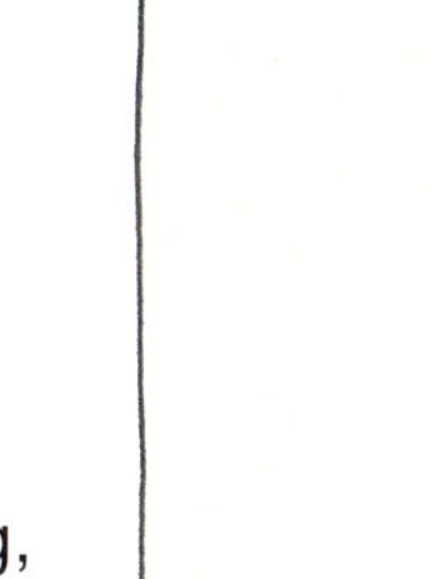

Du kannst dein Lesetagebuch schön gestalten:

- Male Bilder dazu.
- Klebe etwas Passendes dazu ein.
- Gestalte mit verschiedenen Schriften.

Fachwörter, die du für Geschichten immer wieder brauchst

Überschrift	**Rettung in letzter Sekunde**
Autorin/Autor	Leonard Plate
Zeile →	Der Weltraumrettungsdienst muss mal wieder einen Planeten schützen.
Satz →	Ein riesiger Kometenschwarm rast auf diesen zu. Ein Zusammenstoß in wenigen Minuten erscheint nach den neuesten Berechnungen unausweichlich.
2. Absatz	Das Tor der Rettungsbasis öffnet sich. Viele Raumschiffe fliegen in das All hinaus. Sie fahren ihre Netze aus und fangen den Kometenschwarm in letzter Sekunde auf. Der Planet ist gerettet.

Das ist ein **Text**.
Ein Text, der etwas erzählt, ist eine **Geschichte**.
Eine Geschichte hat eine **Überschrift**.
Nach der Überschrift steht der Name des **Autors** oder der **Autorin**.
Die meisten Geschichten haben mehrere **Absätze**.
Ein **Absatz** besteht aus mehreren **Sätzen**.
Ein **Satz** kann kürzer, aber auch länger sein als eine **Zeile**.

● Fachbegriffe kennen und benutzen

► Tiere: Seite 34–35
► Ich bin ich: Seite 44–45
► Seltsame Wesen: Seite 120–121

Fachwörter, die du für Gedichte immer wieder brauchst

Überschrift — **Unsinn**

Autorin/Autor — Wolfgang Menzel

Zeile oder **Vers** → Am Brunnen vor dem Tore,

1. Strophe

Am Brunnen vor dem Tore,
da stand ein Birnenbaum.
Der trug so viele Äpfel,
man sah die Pflaumen kaum.

(Birnenbaum / kaum → **Reim**)

2. Strophe

Und oben in den Zweigen,
da tanzten Fische rum.
Die Mäuse spielten Geigen,
die Spatzen sangen brummelbrumm.

(Zweigen / Geigen → **Reim**)

Das ist ein **Text**.
Ein Text, der sich reimt, ist ein **Gedicht**.
Ein Gedicht hat eine **Überschrift**.
Nach der Überschrift steht der Name des **Autors** oder der **Autorin**.
Die meisten Gedichte haben mehrere **Strophen**.
Eine Strophe besteht immer aus mehreren **Versen**.
Ein **Vers** ist immer eine **Zeile** lang.
In vielen Gedichten stehen **Reimwörter** am Ende der Verse.

(1) Überprüfe, was du gelernt hast, an dem Gedicht *Ein tolles Spiel* auf Seite 90.

▶ Tiere: Seite 36
▶ In der Natur: Seite 58, 59
▶ Jahreszeiten, Feste und Feiern: Seite 107

Geschichten-Werkstatt

Eine Geschichte mit Bildwörtern lesen

Der Turm im See

Charlotte Bär

Das ist der See.
Das ist der Turm mitten im .
Das ist das Tor vom mitten im .
Das vom mitten im ist verschlossen.
Das ist der Schlüssel zum vom mitten im .
Der liegt tief auf dem Grund mitten im .
Niemand weiß, was in dem mitten im ist.
Und bis heute hat niemand den zum vom mitten im gefunden.
Das ist das Fenster im mitten im .
Das ist der Vogel, der oft durch das im mitten im ein und aus fliegt.
Was mag er da drinnen sehen?
Aber auch der ? hat das Geheimnis des ? mitten im ? noch nicht verraten.

► In der Schule: Seite 19

Eine gute Frage

Manfred Mai

Fuchs Maus Igel Stacheln

Ein ? liebte
eine ? .
Doch sobald er sich ihr näherte,
lief sie davon.
Das machte den ? sehr traurig.
„Warum muss ausgerechnet ich so viele ?? haben?“,
fragte er den schlauen ? .
„Das verstehe ich auch nicht“, antwortete der ? .
„Mir wärst du auch ohne ? viel lieber.“

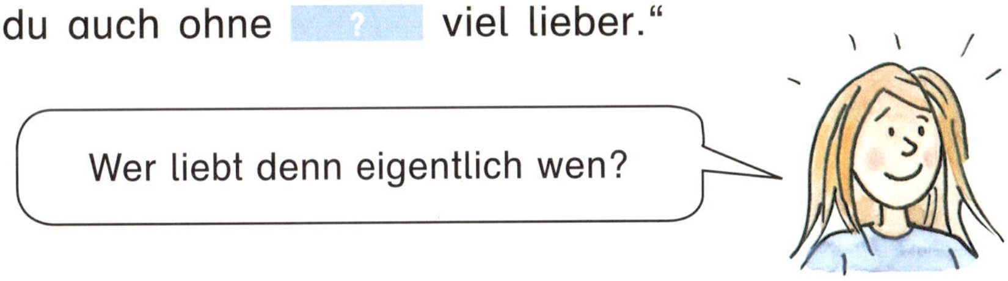

1 Setze beim Vorlesen die Wörter von oben in die Geschichte ein.

2 Erzähle die Geschichte mit diesen Wörtern:

Uhu Ente Tiger scharfe Krallen

Ein Märchen nach Bildern erzählen

Der Froschkönig

Nach den Brüdern Grimm

A

E

B

F

C

G

D

H

(1) Lasst euch das Märchen erzählen.

Das Märchen vom Froschkönig beginnt so:

Es war einmal eine Königstochter, die setzte sich an einen Brunnen. Sie hatte als Spielzeug eine goldene Kugel. Die warf sie in die Höhe. Auf einmal rollte die Kugel in den Brunnen hinein.
Da fing das Mädchen an, jämmerlich zu weinen und zu klagen: „Ich wollte alles darum geben, wenn ich sie nur wieder hätte!"

1 Da kam ein Frosch aus dem Wasser und sagte: „Wenn du mich heiratest, will ich sie dir wiederbringen." Die Königstochter versprach es, und der Frosch holte ihr die goldene Kugel herauf.

2 Sie lief damit nach Haus, den Frosch aber nahm sie nicht mit.

3 Am anderen Tag klopfte es an die Tür und rief: „Königstochter, jüngste, mach mir auf! Weißt du nicht, was du mir gestern versprochen hast?"

4 Da sagte der König: „Was du versprochen hast, musst du halten. Geh, mach dem Frosch die Tür auf!"

5 So musste sie den Frosch hereinlassen und von ihrem goldenen Tellerchen essen lassen.

6 Wie er sich satt gegessen hatte, wollte er sich zu ihr ins Bettchen legen. Da packte sie ihn mit zwei Fingern und trug ihn in ihr Kämmerlein. Sie wollte ihn aber nicht in ihr Bett legen.

7 Stattdessen warf sie ihn – batsch – an die Wand.

8 Da fiel er herab und war ein schöner, junger Prinz. Er war von seinem Zauber erlöst, und die Königstochter heiratete ihn.

2 Immer ein Kind liest vor, die anderen zeigen auf die Bilder. Erzählt miteinander die Geschichte zu den Bildern.

- Bild- und Textinformationen vergleichen
- Texte und Bilder zuordnen

Eine Geschichte zusammensetzen

„Hallo“, sagt die Biene

Hermine Wolf

„Blöder Maulwurf.
Immer nur im Dunkeln wühlen.
Wie langweilig“, denkt die Biene.
„Im Sonnenschein summen ist viel schöner.“
Sie summt vergnügt weiter.

Da trifft sie einen Eichelhäher.
„Hallo, großer Vogel, wollen wir zusammen spielen?“
„Klar“, sagt der Eichelhäher, „aber nicht hier.
Komm, setz dich in meinen Schnabel.
Wir fliegen zum Wald. Da ist es viel schöner.“

„Ich bin doch nicht blöd“, denkt die kleine Biene
und versteckt sich schnell unter einem großen Blatt.

„Blöder Wurm. Immer muss er arbeiten.
Wie langweilig“, denkt die Biene
und summt vergnügt weiter.

Da trifft sie einen Maulwurf.
„Hallo, Maulwurf, wollen wir zusammen spielen?“
„Keine Lust. Ist mir viel zu hell hier“, sagt der Maulwurf.
„In der Erde graben ist schöner.
Kannst ja mithelfen.“

Und schwupp, ist der Maulwurf
in seinem Erdhügel verschwunden.

Als der Eichelhäher wieder weg ist,
summt die kleine Biene vergnügt weiter über die Wiese.

Da trifft sie einen Schmetterling.
„Hallo, Schmetterling, wollen wir zusammen spielen?"
„O ja, gerne!", ruft der Schmetterling begeistert.
„Wir könnten den neuen Flattertanz üben.
Morgen ist der große Wiesentanzwettbewerb.
Da können wir gewinnen."

Und die beiden tanzen bis zum Abend miteinander.

Eine kleine Biene summt vergnügt über die Wiese.

Da trifft sie einen Regenwurm.
„Hallo, Regenwurm, wollen wir zusammen spielen?"
„Keine Zeit", sagt der Regenwurm.
„Muss arbeiten. Kannst mir ja helfen."

Und schon ist er verschwunden.

1. Jede Gruppe liest einen Abschnitt
und erzählt, was darin steht.

2. Setzt die Geschichte gemeinsam zusammen.
Woran könnt ihr erkennen, wie es weitergeht?

Ich glaube,
wir haben den Anfang:
Eine kleine Biene …

Wir wissen schon,
wie es weitergeht …

Einen Teil einer Geschichte erzählen

Wer ist schon groß? Und wer ist schon klein?

Hans Manz

Die Fliege sagt:
„Die Biene ist groß."

Die Biene sagt:
„Die Hornisse ist groß."

...

...

...

...

Der Elefant sagt: „Die Ameise ist groß",
und kichert, wie nur Elefanten kichern können.

„Wie? Wieso? Was sagst du da!",
rufen die Fliege und die Biene und die Hornisse
und der Frosch und der Hund und die Kuh.

„Doch, doch", sagt der Elefant und kichert wieder,
wie nur Elefanten kichern können:
„Die Ameise ist groß, denn der Floh ist noch kleiner."

1 Erzähle den mittleren Teil der Geschichte.
Was sagen wohl der Frosch, der Hund und die Kuh?

2 Schreibe eine *Groß-klein-Geschichte* mit anderen Tieren oder Dingen. Tragt eure Geschichten vor.

Eine Geschichte gemeinsam weitererzählen

Ein Insel-Abenteuer

Ein Forscher ist auf dem Meer in ein Unwetter geraten. Tag und Nacht bleibt er in seinem Boot auf dem Wasser. Irgendwann ist er erschöpft eingeschlafen.

Da weckt ihn plötzlich ein heftiger Ruck. Das Boot ist auf einer Insel gestrandet. – Genauer gesagt, ein spitzer Felsen hat es aufgespießt. – Ist das die Rettung?

Der Forscher schaut sich um. Er sieht den felsigen Strand, einen dichten Urwald und einen mächtigen Vulkan. Es ist still und sehr heiß. Ob die Insel wohl bewohnt ist? Gibt es hier Trinkwasser und etwas Essbares? Und wie soll er von hier wieder fortkommen?

1 Malt die Insel auf einen großen Bogen Papier und erzählt dabei die Geschichte gemeinsam weiter, …

… wie und wo der Forscher findet, was er braucht:
zum Beispiel einen See oder Fluss,
Bäume mit Früchten, Inselbewohner, die ihm helfen, …

… wie der Forscher vielleicht in große Gefahr gerät:
zum Beispiel durch wilde Tiere,
steile Felsen, Treibsand, …

Eine Geschichte zum Lesen, Spielen und Vertonen

Wenn's dunkel wird

Daniela Nager

1. Kind: Wenn's draußen dunkel wird,
raschelt es im Gebüsch, schschgsch!

Alle: Hört nur hin!

2. Kind: ... knackt es im Geäst, knackskrackss!

Alle: Da war es wieder!

3. Kind: ... miaut eine Katze, miiaaauuuu!

Alle: Klingt unheimlich!

4. Kind: ... summen die Stechmücken, ssssssssklatsch!

Alle: Du hast sie!

5. Kind: ... flattern die Fledermäuse, flappflappflapp!

Alle: Wie gruselig!

6. Kind: ... bellt in der Ferne ein Hund, wuffwuff wuff!

Alle: Was der wohl gehört hat!

7. Kind: ... läutet die Kirchturmuhr, dongdongdong!

Alle: Schon so spät!

8. Kind: Langsam werde ich müde, gääähngääähn!

Alle: Schlaf gut!

(1) Welche Geräuschwörter wurden verwendet? Suche im Text.

(2) Mit welchen Gegenständen könntet ihr die Geräusche nachahmen?

(3) Tragt das Gespräch mit den passenden Geräuschen vor.

(4) Welche Geräusche kann man nachts noch hören? Setze die Geschichte fort.

Mit Betonung vorlesen

Der Regendrache Furio

KNISTER

Im Ozean wohnt irgendwo ↗
der Regendrache Furio. |
Er macht die kalten Regentage ↗
und sorgt bei uns für Schnupfenplage. ||

Groß ist sein Kopf ↗ und dick sein Bauch ↗
und Riesenflügel hat er auch. |
Mit denen kann er ganz wild flattern, ↗
dann wird es kalt, ↗ dass Zähne klappern. ||

Schlägt er sein Klappmaul auf und zu, ↗
dann donnert es bei uns im Nu. |
Und wenn er dann noch Feuer spuckt ↗
ein Blitz über den Himmel zuckt. ||

Wenn er den Schwanz mal mit Gewalt ↗
so richtig in die Wellen knallt, ↗
dann spritzt das Wasser hoch und weit, ↗
bei uns ↗ macht sich jetzt Regen breit. ||

Ist Sonnenschein bei uns zu Hause, ↗
schläft der Drache ↗ und macht Pause. |
Drum scheint die Sonne auf dein Dach, ↗
bleib still, ↗ sonst wird der Drache wach! ||

1. Lasst euch den Text erst einmal vorlesen
und lest mit den Augen mit.
Achtet dabei auf die Betonungszeichen und die Pausen.

2. Übt das Vorlesen mit Betonung in der Gruppe:
Jedes Kind trägt einen Abschnitt vor.

Gedichte-Werkstatt

Echowörter finden

Aus den Bergen kommt das Echo

Was verlieren die Matrosen?
Wer bellt zu jeder Stunde?
Wo ist das dümmste Tier?
Wann bist du ein ganz Schlimmer?
Wer isst am liebsten Qualle?
Wann schlafen faule Leute?
Wer kann im Märchen helfen?
Was isst sehr gern Herr Meier?
Was machen nachts die Eulen?

Elfen!
Hosen!
Heute!
Heulen!
Immer!
Eier!
Hier!
Alle!
Hunde!

Reime erraten

Im Lande der Zwerge

Wolfgang Menzel nach Heinrich Seidel

So geht es im Lande der Zwerge:
Maulwurfshügel sind dort wie ? .

Ein Krümel ist wie ein dicker Stein.
Ein Meerschweinchen ist so groß wie ein ? .

Eine Feder ist einen Zentner schwer.
Eine Pfütze ist dort so groß wie das ? .

Ein Bleistift ist wie ein riesiger Turm.
Groß wie ’ne Schlange ist dort ein ? .

Stark wie ein Löwe ist dort eine Maus.
Eine Streichholzschachtel ist groß wie ein ? .

Dick wie ein Seil ist dort ein ? .
Und eine Minute dauert ein ? .

Jahr

Haar

Wurm

Schwein

Gedichte lesen und schreiben

Das Gedicht mit der 8

Barbara Rhenius

Letzte N**8**
bin ich plötzlich aufgew**8**
und hab ged**8**:
„Hat da nicht einer Krach gem**8**?"
Ich schlich ganz s**8**
ans Fenster.
Doch draußen nichts als dunkle N**8**!
Da hab ich über mich gel**8**
und hab ged**8**:
„Ich glaub, ich seh Gespenster!"

1 Lest euch dieses Gedicht vor.

2 Schreibe das Gedicht richtig auf.
Ersetze die **8**.

Rosinchen träumt von Pferden

Barbara Rhenius

Es war in dunkler Mitter**nacht**,
da ist Rosinchen aufgew**acht**.
Im Traum fiel sie vom Pferde.
„Wo bin ich nur?", hat sie ged**acht**,
denn sie war aus dem Bett gekr**acht**.
Da lag sie auf der Erde!

3 Schreibe das Gedicht anders auf.
Für **acht** schreibst du immer eine **8**.

Gedichte auseinandernehmen und weiterdichten

Der Maulwurf – Bellt er jetzt?

Josef Guggenmos, Frantz Wittkamp

Der Maulwurf, schwärzer als die Nacht,
ist wie aus lauter Samt gemacht.
Bellt er jetzt aus Übermut
oder Freude oder Wut?
Oder aber bellt der Hund
wieder ohne jeden Grund?
In dunkler Erde ist sein Reich.
Wie's droben ausschaut, ihm ist's gleich.

1 Schreibe eines der beiden Gedichte richtig auf.

Wenn beide Eltern Enten sind

Frantz Wittkamp

Wenn beide Eltern Enten sind,
ein ganz normaler Fall,
dann kriegen sie ein Entenkind
und keine Nachtigall.

2 Setze in das Gedicht andere Tiernamen ein und mache ein neues daraus.

- Lesegenauigkeit trainieren
- Textvorbilder nutzen

► Tiere: Seite 36
► Jahreszeiten, Feste und Feiern: Seite 105
► Gedichte-Werkstatt: Seite 171

Zeilen für ein Gedicht aussuchen

Der Nebel

Carl Sandburg/Hans Baumann

Der Nebel	kommt naht schleicht
auf	Federflügeln. weichen Strümpfen. Katzenpfötchen.
Er	breitet sich aus sitzt und schaut flattert und fliegt
über	Wiese und Dorf, Wald und Feld, Hafen und Stadt,
	steht dann auf hebt sich still verschwindet leise
und	geht wieder weg. macht sich davon. ist wieder fort.

(1) Schreibe dein eigenes Gedicht auf.
Suche dir aus den drei Zeilen immer eine aus.
Du kannst auch selbst etwas dazuerfinden.
Lies dann nach, was der Dichter geschrieben hat.
Du findest es auf Seite 171.

Wörter in ein Gedicht einsetzen

Der ? Hund

Peter Hacks

Geh ich in der Stadt umher,
Kommt ein ? Hund daher,
Wedelt mit dem Schwanz so sehr,
Nebenher,
Hinterher
Und verlässt mich gar nicht mehr.
Wedelt mit den ? Ohren,
Hat wohl …

1 Vergleicht eure Gedichte mit dem von Peter Hacks. Ihr findet es auf Seite 171.

Gedichte sprechen und weiterschreiben

Peratze perütze

Otto Julius Bierbaum

Peratze perütze,
wo ist meine Mütze,
perütze perause,
wo ist meine Krause,
perause peracke,
wo ist meine Jacke,
peracke perose,
wo ist meine Hose,
perofel periefel,
wo sind meine Stiefel?

Perolli perulli,
wo ist denn mein ...?
Perippe, perappe,
wo ist meine ...?
Perappe, peruhe,
wo sind meine ...?

1 Schreibe das Gedicht weiter.

Geräusche beim Gehen

Frauke Wendula

In Holzpantoffeln geht Frau Popp,
kladipp kladopp, kladipp kladopp.

In Latschen kommt Herr Sipperlapp,
schalipp schalapp, schalipp schalapp.

In Stiefeln trampelt Herr Ladumm,
wabamm, wabumm, wabamm, wabumm.

2 Sprecht und spielt das Gedicht.

3 Dichtet weiter.
Schreibt eure Gedichte auf ein Plakat.

In ... watschelt
durch den Matsch,
pladitsch pladatsch, ...
In ... läuft im Trab,
kladipp kladapp, ...

- Texte erschließen
- Texte rhythmisch lesen
- Szenisch spielen

► Ich bin ich: Seite 39
► Miteinander leben: Seite 63

Die Gedichte – zum Lesen und Lernen

Der Maulwurf

Josef Guggenmos

Der Maulwurf,
schwärzer als die Nacht,
ist wie aus lauter Samt gemacht.
In dunkler Erde ist sein Reich.
Wie's droben ausschaut,
ihm ist's gleich.

Bellt er jetzt?

Frantz Wittkamp

Bellt er jetzt aus Übermut
oder Freude oder Wut?
Oder aber bellt der Hund
wieder ohne jeden Grund?

Der blaue Hund

Peter Hacks

Geh ich in der Stadt umher, ↗
Kommt ein blauer Hund daher, |
Wedelt mit dem Schwanz so sehr, ↗
Nebenher, ↗
Hinterher ↗
Und verlässt mich gar nicht mehr. ||
Wedelt mit den blauen Ohren, ↗
Hat wohl seinen Herrn verloren. ||

Der Nebel

Carl Sandburg/Hans Baumann

Der Nebel kommt
auf Katzenpfötchen.
Er sitzt und schaut
über Hafen und Stadt,
hebt sich still
und geht wieder weg.

► Gedichte-Werkstatt: Seite 167, 168, 169

Theater-Werkstatt

Spiele zum Aufwärmen

Wir sind der größte Zirkus

Text und Melodie: Dorothée Kreusch-Jacob

Im Zirkus gibt es:

Clowns | Artisten | Zauberer

Tänzer | Zuschauer | ...

1. Suche dir eine Rolle aus.
   Überlege, wie du deine Rolle spielen kannst.
   Brauchst du einen Partner oder eine Partnerin?

2. Singt das Zirkuslied und spielt dazu.
   Überlegt vorher:
   In welcher Reihenfolge sollen die Artisten auftreten?

3 Probiert möglichst viele Ideen aus.
Die Zuschauer sagen, was gut war und geben Tipps.

Gedichte zum Spielen

Eine Mäuse-Geschichte

Heinrich Hoffmann v. Fallersleben

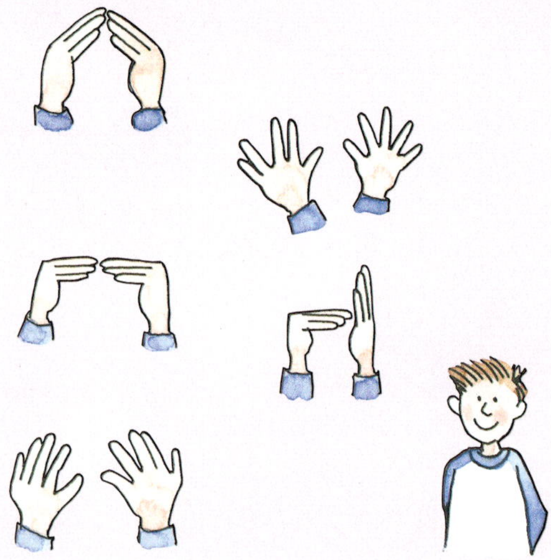

In unserem Häuschen
gibt's sehr viele Mäuschen.
Sie kribbeln und krabbeln,
sie zippeln und zappeln.
Sie gehen auf den Tisch,
auf Stühle,
auf Bänke
und in die Schränke.
Doch will man sie fangen,
springen sie flink von dannen.

Still

Friederike Mayröcker

still
standen auf einmal
die Schäfchen
verwandelten sich zu Stein
nun wächst
Efeu über sie bedeckt sie

(1) Zuerst liest ein Kind das Gedicht.
Spielt dann ohne Worte.

▶ Tiere: Seite 36

Du bist da, und ich bin hier

Frantz Wittkamp

Du bist da,
und ich bin hier.

Du bist Pflanze,
ich bin Tier.

Du bist Riese,
ich bin Zwerg.

Du bist Tal,
und ich bin Berg.

Du bist leicht,
und ich bin schwer.

Du bist voll,
und ich bin leer.

Du bist heiß,
und ich bin kalt.

Du bist jung,
und ich bin alt.

Du bist sie,
und ich bin er.

Du bist Land,
und ich bin Meer.

Du bist dunkel,
ich bin hell.

Du bist langsam,
ich bin schnell.

Du bist schmal,
und ich bin breit.

Du bist Anzug,
ich bin Kleid.

Du bist einsam,
ich allein.

Komm, wir wollen
Freunde sein.

1 Spielt zu zweit die Gegensätze und das Ende.
Eure Bewegungen und das Gesicht sollen zeigen,
was gemeint ist.

Spielen in der Klasse

Sieben kleine Bären

Josef Guggenmos

Sieben kleine Bären
gingen trippeltrappel
durch den Wald
und hielten sich brav
bei den Vordertatzen.

Wie gehen die Bären?

Da standen
sieben kleine Katzen
bei einer Pappel
am Bach.

Die stehen nicht nur einfach so da, sondern …

Und sagten: „Ach!
Wären wir drüben,
miau!“

Wie müssen die Katzenstimmen wohl klingen?

Da nahmen die sieben kleinen Bären
die sieben kleinen Katzen
auf ihren Rücken
und sagten: „Wir sind stark,
es wird uns schon glücken.“

Achtung! Wer kann wen tragen?

Die Katzen machten die Augen zu
vor Ängsten.
Und der kleinsten
war es am bängsten.

Als sie am anderen Ufer waren,
sagten die sieben Kätzlein
artig das Sätzlein:
„Wir danken schön!“

„Es ist gern geschehn!“,
erklärten die Bären
und meinten auch:
„Ja, wenn wir nicht wären!“

Wie sieht jemand aus, der Angst hat?

Jetzt klingen die Katzenstimmen anders. Warum wohl?

Welches Gefühl zeigen die Bären hier?

1 So könnt ihr dieses Gedicht spielen:
- Sieben Kinder wechseln sich als Erzähler ab.
- Sieben Kinder sprechen die Katzen im Chor und spielen dazu.
- Sieben Kinder sprechen die Bären im Chor und spielen dazu.
- Die anderen Kinder sind Zuschauer. Sie sagen, was gut war und geben Tipps.

Ein Figurenspiel

Die kleine Maus sucht einen Freund

Eric Carle

Die kleine Maus war einsam und allein.
Sie wünschte sich nichts lieber als einen Freund.
Darum lief sie von Tier zu Tier und fragte:

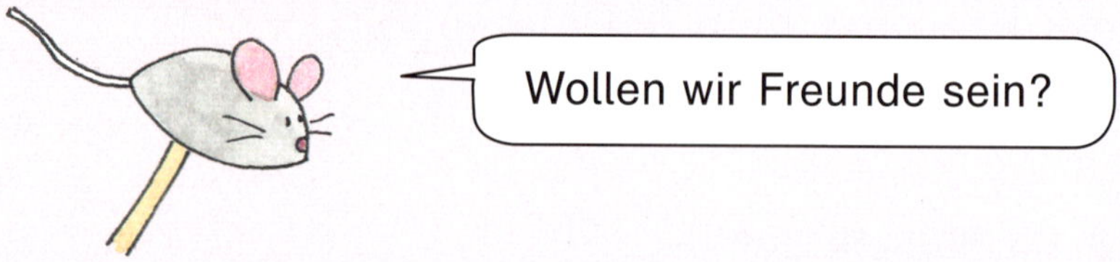

Nein, wieherte das braune Pferd
und graste weiter.

Da lief die Maus zum nächsten Tier und fragte:

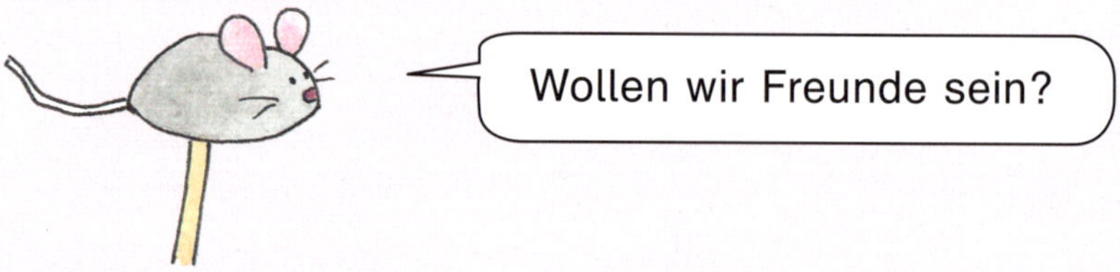

Nein, klapperte das Krokodil
mit seinen scharfen Zähnen,
und auch das Vögelchen
auf seinem Rücken zwitscherte:

Da lief die Maus zum nächsten Tier und fragte:

Nein, brüllte der Löwe
und schüttelte seine Mähne.

Da lief die Maus zum nächsten Tier ...

Da lief die Maus zum nächsten Tier und fragte:

Ja, sagte da die Maus zur Maus,
komm mit mir in mein Mäusehaus.
Und beide liefen ganz schnell ins Versteck
vor der riesigen, bissigen Schlange weg.

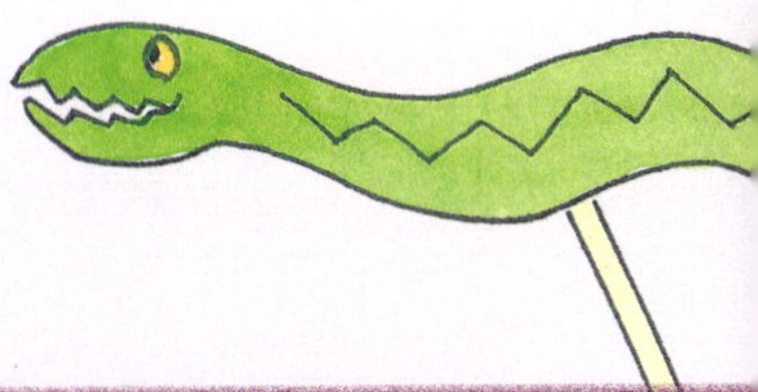

Allein-Lied

Christa Zeuch

In der Küche tickt die Uhr,
Schritte gehn im Treppenflur.
Schleicht da wer ins Haus herein?
Dunkel ist's, ich bin allein.

An der Wand, ganz nah bei mir,
schnauft ein schwarzes Schattentier.
Schnell die Leselampe an,
dass es mich nicht fressen kann.

Ob mein Wecker richtig geht?
Ist es wirklich schon so spät?
Hunger hab ich und auch Durst,
mag ein Brot mit Leberwurst.

Doch ich trau mich nicht hinaus,
denn jetzt knackt was durch das Haus!
Schlüssel klappern hell und blank –
Mama, Papa, Gott sei Dank!

1. Macht zu jeder Strophe die Geräusche mit Gegenständen, Instrumenten, Händen, Füßen oder dem Mund.
   Die tickende Uhr begleitet das Lied die ganze Zeit.
   Zwischen den Strophen tickt sie achtmal.

Ein Hörspiel

Bennis Morgen

1

Benni wacht auf.

2

Benni frühstückt.

3

Benni ist im Bad.

4

Benni geht zur Schule.

5

Benni lernt.

6

Benni hat Pause.

7

Benni ist in der Turnhalle.

8

Die Schule ist aus.

1 Was gibt es zu den Bildern zu hören?
- Welche Geräusche könnt ihr selbst machen?
- Was sollen die Personen reden, rufen, flüstern ...?

 Denkt euch Situationen aus und macht sie hörbar. Lasst dann andere Kinder raten, was dargestellt ist.

▶ In der Schule: Seite 19

Die lange Geschichte

Der Wolf und der Fuchs

Brüder Grimm

Der Wolf hatte den Fuchs bei sich, und was der Wolf wollte, das musste der Fuchs tun. Er war nämlich der Schwächere, und der Fuchs wäre seinen Herrn gern los gewesen.
Es trug sich aber zu, dass die beiden durch den Wald gingen. Da sprach der Wolf:
„Rotfuchs, schaff mir was zu fressen, oder ich fresse dich!“

Da antwortete der Fuchs: „Ich weiß einen Bauernhof, wo ein paar junge Lämmlein sind. Hast du Lust, so wollen wir eins holen." Der Wolf war's zufrieden, und sie gingen hin, und der Fuchs stahl ein Lämmlein, brachte es dem Wolf und machte sich fort. Da fraß es der Wolf auf.

Er war aber damit nicht zufrieden, sondern wollte noch ein zweites haben und ging, es zu holen. Weil er es aber so ungeschickt machte, merkte es die Mutter des Lämmleins und fing entsetzlich an zu schreien und zu blöken, sodass die Bauern herbeigelaufen kamen. Da fanden sie den Wolf und schlugen ihn so erbärmlich, dass er hinkend und heulend beim Fuchs ankam.

„Du hast mich schön angeführt", sprach er. „Ich wollte das andere Lamm holen, da haben mich die Bauern erwischt und windelweich geschlagen." Der Fuchs antwortete: „Warum bist du so ein Nimmersatt!"

Am anderen Tag gingen sie wieder ins Feld, und der Wolf sprach auch wieder zum Fuchs: „Rotfuchs, schaff mir was zu fressen, oder ich fresse dich!"

Da antwortete der Fuchs: „Ich weiß ein Bauernhaus, da backt die Frau heute Abend Pfannkuchen. Wir wollen uns davon holen." Sie gingen hin, und der Fuchs schlich sich ums Haus herum.

Er guckte und schnupperte so lange, bis er ausfindig machte, wo die Schüssel stand, und zog sechs Pfannkuchen heraus und brachte sie dem Wolf.

Der Wolf hatte die Pfannkuchen in einem Augenblick verschluckt und sprach: „Sie schmecken nach mehr!“ Er ging hin und riss die ganze Schüssel herunter. Da gab es einen so gewaltigen Lärm, dass die Frau herauskam. Und als sie den Wolf sah, rief sie ihre Leute. Die liefen herbei und schlugen ihn, was das Zeug hielt, sodass er mit zwei lahmen Beinen zum Fuchs in den Wald hinaus kam.

Er schrie: „Was hast du mich angeführt! Die Bauern haben mich erwischt und mich windelweich geschlagen.“ Der Fuchs aber antwortete: „Warum bist du so ein Nimmersatt!“

Am dritten Tag, als sie beisammen draußen waren und der Wolf nur mit Mühe forthinkte, sprach er doch wieder: „Rotfuchs, schaff mir was zu fressen, oder ich fresse dich!“

Der Fuchs antwortete: „Ich weiß einen Mann, der hat das Fleisch von einem geschlachteten Schwein im Keller. Das wollen wir holen.“ Da sprach der Wolf: „Aber ich will gleich mitgehen, damit du mir hilfst, wenn ich nicht fort kann.“

„Meinetwegen“, sagte der Fuchs, und er zeigte ihm den Weg, auf welchem sie endlich in den Keller gelangten. Da war nun Fleisch im Überfluss, und der Wolf machte sich gleich daran und dachte: „Bis ich aufhöre, hat's Zeit!“ Der Fuchs ließ sich's auch gut schmecken und blickte überall herum. Er lief auch oft zu dem Loch, durch welches sie gekommen waren. Dort versuchte er, ob sein Leib noch schmal genug wäre, um durchzuschlüpfen. Der Wolf sprach: „Lieber Fuchs, ei, was rennst du so hin und her und springst hinaus und herein?“

„Ich muss doch sehen, ob niemand kommt“, antwortete er listig. „Friss nur nicht zu viel!“ Da sagte der Wolf: „Ich gehe nicht eher fort, als bis das Fass leer ist.“

Da kam der Bauer, der den Lärm von den Sprüngen des Fuchses gehört hatte, in den Keller. Der Fuchs, wie er ihn sah, war mit einem Satz durch das Loch draußen. Der Wolf wollte hinterher, aber er hatte sich so dick gefressen, dass er nicht mehr durchkonnte, sondern steckenblieb. Da kam der Bauer mit einem Knüppel und schlug ihn tot. Der Fuchs aber sprang in den Wald und war froh, dass er den alten Nimmersatt los war.

1 Was hat dir geholfen, den langen Text zu verstehen?

Wichtige Fachwörter

ABC: Das ABC ist eine Liste aller Buchstaben von A bis Z: *A, B, C, D, E, ...* Man nennt es auch Alphabet. ▸ Seite 10, 11

Absatz: Ein Absatz oder Abschnitt ist ein Teil eines Textes. Man erkennt Absätze daran, dass zwischen ihnen eine leere Zeile zu sehen ist. ▸ Seite 31, 45, 60, 152, 159

Autorin/Autor: Ein Autor ist derjenige, der eine Geschichte, ein Gedicht oder einen Text geschrieben hat. ▸ Seite 92, 96, 152, 153

Bücherei: In einer Bücherei kann man Bücher ausleihen. Eine Bücherei nennt man auch Bibliothek. ▸ Seite 94, 95

Comic: Ein Comic ist eine bestimmte Art von Bildergeschichte. Was die Personen sagen oder denken, steht meistens in Sprechblasen. ▸ Seite 69

Erzählbild: Ein Erzählbild ist ein Bild, zu dem man eine Geschichte erzählen oder schreiben kann. ▸ Seite 38, 86, 116

Gedicht: Ein Gedicht kann man daran erkennen, dass es aus Versen besteht, die sich oft auch reimen. ▸ Seite 59, 63, 84, 153, 167

Geschichte: Eine Geschichte ist ein Text, der dem Leser etwas erzählt. Geschichten sind oft spannend. ▸ Seite 66, 91, 152, 154, 161

Hörbuch: In einem Hörbuch werden Geschichten oder Gedichte von einer oder mehreren Personen vorgelesen. ▸ Seite 97

Hörspiel: In einem Hörspiel wird ein Text von mehreren Sprechern vorgetragen, ähnlich wie bei einem Theaterstück. Im Hörspiel werden auch Geräusche und Musik gespielt. ▸ Seite 181

Inhaltsverzeichnis: Ein Inhaltsverzeichnis findet man meistens am Anfang oder am Ende eines Buches. Es gibt die Seiten an, auf denen die verschiedenen Texte des Buches zu finden sind. ▸ Seite 2–7

Kapitel: Ein Kapitel ist ein Teil eines Buches. Meist haben Kapitel eine eigene Überschrift. ▸ Seite 8

Lexikon: Ein Lexikon ist ein Buch, indem man Erklärungen für Dinge nachschlagen kann. Die Überschriften sind nach dem ABC geordnet. ▸ Seite 55, 80

Märchen: Märchen sind Geschichten, in denen Zauberer, Feen, Prinzessinnen, Geister und Fantasiewesen vorkommen. ▸ Seite 156, 157, 182

Notizen: Notizen sind einzelne Wörter oder kurze Sätze, die man sich aufschreibt, um sich etwas zu merken.
▸ Seite 25, 48, 146

Reim: Reime sind Wörter, die ähnlich klingen wie zum Beispiel *Haus – Maus* oder *kaufen – laufen*. Reime kommen vor allem in Gedichten und Liedern vor.
▸ Seite 100, 153, 165

Sachtext: Ein Sachtext ist ein Text, der kurz und sachlich über Dinge und Lebewesen berichtet oder sie möglichst genau beschreibt.
▸ Seite 42, 43, 55, 56, 101

Spalte: Ein Text kann auf einer Seite in mehreren Spalten nebeneinander stehen. Zeitungstexte stehen meistens in Spalten. Auch die Texte in einer Tabelle stehen nebeneinander in Spalten.
▸ Seite 17, 22, 33, 175

Strophe: Eine Strophe ist ein Absatz in einem Gedicht. Eine Strophe besteht aus mehreren Versen.
▸ Seite 105, 114, 115, 153

Tabelle: In einer Tabelle ordnet man Informationen oder Beobachtungen. Eine Tabelle besteht aus Spalten und Zeilen.
▸ Seite 33, 147

Text: Ein Text besteht aus mehreren Sätzen, die zusammen etwas erzählen oder erklären. Texte haben meistens eine Überschrift. Gedichte, Geschichten, Sachtexte oder Märchen ... das alles sind Texte.
▸ Seite 15, 40, 75, 103, 144, 152, 153

Theater: Im Theater werden Texte gespielt, in denen Schauspieler oder Spielfiguren miteinander sprechen und sich bewegen.
Der Ort, auf dem gespielt wird, ist die Bühne.
▸ Seite 172

Titel: Jedes Buch hat einen Titel. Er steht vorn auf dem Umschlag. Der Titel sagt, wie das Buch heißt und soll zum Lesen anregen.
▸ Seite 96, 97

Überschrift: Die meisten Texte haben eine Überschrift, die sagt, worum es geht. Überschriften wollen zum Lesen eines Textes anregen.
▸ Seite 26, 31, 144, 152, 153

Vers: Der Vers ist die Zeile eines Gedichtes. Verse sind meistens kurz. An ihrem Ende steht oft ein Reimwort.
▸ Seite 153

Zeile: Eine Zeile ist ein Text der in einer Reihe steht. Im Gedicht wird die Zeile auch Vers genannt.
▸ Seite 13, 17, 24, 29, 152

Verzeichnis der Autorinnen und Autoren

Unbekannte und ungenannte Autorinnen und Autoren

Kleeblatt

Das Lesebuch 2

Bayern

Neubearbeitung

westermann GRUPPE

Georg-Westermann-Allee 66, 38104 Braunschweig
www.westermann.de

Druck A⁷ / Jahr 2021
Alle Drucke der Serie A sind inhaltlich unverändert.

Redaktion: Daniela Mibus
Herstellung: Katja Schumann
Umschlaggestaltung: Andrea Heissenberg mit einer Illustration von Alexander Steffensmeier
Layout: Jesse Konzept & Text, Hannover
Satz: typotext, Dortmund
Druck und Bindung: Westermann Druck GmbH, Georg-Westermann-Allee 66, 38104 Braunschweig

ISBN 978-3-507-**43382**-3

Bildquellenverzeichnis

|akg-images GmbH, Berlin: Paul Klee, Erinnerungen an einen Garten, 1914. 50.1. |Alamy Stock Photo, Abingdon/Oxfordshire: Wildlife GmbH 60.1. |Alamy Stock Photo (RMB), Abingdon/Oxfordshire: Sherratt, Adrian 42.1; tbkmedia.de 37.4. |Beltz & Gelberg in der Verlagsgruppe Beltz, Weinheim: Helme Heine, Das schönste Ei der Welt © 1983, 2004 Weinheim/Basel 89.1, 89.2, 89.3, 90.1, 90.2, 91.1; Manuela Olten, Wahre Freunde © 2012 Weinheim/Basel 62.1; Philip Waechter: Sehr berühmt, 2012 Weinheim/Basel 96.2. |Bildarchiv Foto Marburg, Marburg: Gaasch, Uwe 79.1. |Bulls Pressedienst GmbH, Frankfurt am Main: © Peanuts Worldwide LLC/Distr. Andrews McMeel/Distr. Bulls. 69.1. |Carl Hanser Verlag GmbH & Co. KG, München: Franz Hohler, Wenn ich mir etwas wünschen könnte. Mit Illustrationen von Rotraut Susanne Berner, © 2000 46.1, 46.2, 47.1, 47.2; Helme Heine, Foxtrott, © 2006 93.1. |Fischer-Nagel, Heiderose und Andreas, Spangenberg-Metzebach: Heiderose und Andreas Fischer-Nagel: Ein Kätzchen kommt zur Welt 26.1, 26.2, 26.3, 26.4, 26.5, 26.6. |fotolia.com, New York: Tramper2 56.1. |Göhlich, Susanne, Leipzig: 125.1. |GRÄFE UND UNZER VERLAG GmbH, München: Peter Fritzsche: Mein Hamster 37.7. |HÖRCOMPANY Schaack und Herzog OHG: Mario Giordano: Die wilde Charlotte 97.2. |Interfoto, München: imagebroker 78.1. |Jacky Gleich, Guggisberg: Illustration von Jacky Gleich aus Uri Orlev/Jacky Gleich: Das kleine große Mädchen, 1997 Verlagsgruppe Beltz 70.1, 70.2. |Leemage, Berlin: Costa, Holzschnitt von Conrad Gesner 183.1, 184.1. |Loewe Verlag GmbH, Bindlach: Cornelia Funke: Der Mondscheindrache, Veränderte Neuausgabe 2012, © 1996, Illustrationen: Cornelia Funke 118.1, 118.2, 119.1. |mauritius images GmbH, Mittenwald: Photononstop 32.2; Pigneter, Rudolf 32.3; Pöhlmann, Andre 43.1; Vidler, Steve 33.1. |Mohrbooks Literary Agency, Zürich: Copyright © 1984 by Aliki Brandenberg 82.1, 82.2, 83.1, 83.2. |Penguin Random House Verlagsgruppe GmbH, München: Helme Heine: Ein Fall für Freunde, 2006 97.1. |Peter Hammer Verlag GmbH, Wuppertal: Wolf Erlbruch: Frau Meier, die Amsel, © 2011 34.1, 34.2. |Picture-Alliance GmbH, Frankfurt/M.: Arco Images GmbH/Reinhard, H. 60.3. |primanota GmbH, Korbach: 110.2. |Rauschenbach, Anke Kristin, Leipzig: 19.1, 19.2, 19.3, 19.4, 19.5, 19.6, 19.7, 19.8, 19.9, 19.10, 19.11, 19.12, 19.13, 19.14, 19.15, 19.16, 19.17, 19.18, 19.19. |Ravensburger Verlag GmbH, Ravensburg: "Der große Ravensburger Naturführer" © 2001, 2005 by Ravensburger Buchverlag Otto Maier GmbH, Ravensburg für die deutsche Ausgabe, Übersetzung: Dr. Wolfgang Hensel, Titel der Originalausgabe: "The Usborne Nature Trail Book" © Usborne Publishing LTD, London. 55.1; Manfred Mai, Karin Schliehe, Bernhard Mark: Nur für einen Tag © 1987 für den Text und © 2004 für die Illustrationen der Originalausgabe ©2002 und ©2004 für die Schulausgabe by Ravensburger Buchverlag Otto Maier GmbH, Ravensburg 20.1; Ursel Scheffler, Erhard Dietl: Ätze , das Tintenmonster © 1986 für den Text und © 1995 für die Illustrationen der Originalausgabe © 2005 für die Schulausgabe by Ravensburger Buchverlag Otto Maier GmbH, Ravensburg 120.1. |Röckener, Andreas, Oststeinbek: 116.1. |S. Fischer Verlag GmbH, Frankfurt/Main: Lauren Child, Martin Frei-Borchers, Karen Thilo: Charlie und Lola. Das ist aber total mein Buch! © 2007 94.1; Tanya Stewner: Liliane Susewind. Mit Freunden ist man nie allein. 96.1. |Sauvant, Henriette, Hamburg: Illustration: "Junge in der Schnecke" 38.1. |Schober, Michael, Hersbruck: 27.1, 30.1, 30.2, 30.3, 31.1, 31.2, 31.3, 37.1, 37.2, 37.3, 37.5, 37.6. |Temporin, Elena, Milano: 99.1, 99.2, 100.1, 103.1, 103.2, 104.1, 105.1, 105.2, 105.3, 105.4, 105.5, 106.1, 107.1, 107.2, 107.3, 108.1, 110.1, 110.3, 111.1, 112.1, 114.1. |Thienemann-Esslinger Verlag GmbH, München: Illustrationen von Winnie Gebhardt aus: Otfried Preußler "Die kleine Hexe" © by Thienemann Verlag (Thienemann Verlag GmbH), Stuttgart/Wien. www.thienemann.de 122.2, 123.1; Ottfried Preußler: "Die kleine Hexe", mit Illustrationen von Winnie Gebhardt, © by Thienemann Verlag (Thienemann Verlag GmbH), Stuttgart/Wien. www.thienemann.de 122.1. |Tönnies, Frauke, Laatzen: 60.2. |Verlag Friedrich Oetinger GmbH, Hamburg: Christine Nöstlinger, Erhard Dietl: Opageschichten vom Franz © 2000 68.1; Erhard Dietl: Die Olchis sind da © 1996 124.1; Illustration von Erhard Dietl, aus: Die Olchis sind da © 1996 124.2; Illustration von Erhard Dietl, aus: Die Olchis und der blaue Nachbar © 1997 149.1. |Verlagsgruppe Beltz, Weinheim: Helme Heime, Freunde © 2011 Weinheim/Basel 93.3; Helme Heine: Na warte, sagte Schwarte © 2006 Weinheim/Basel 93.2. |Vogelsang, Carsten, Spenge: 60.4. |Westend 61 GmbH, München: Chance, Tom 32.1. |© www.helmehelme.de, Leipzig: 92.1.